# *Inhalt*

# Vorwort

Aus der Humanmedizin und Homöopathie nicht mehr wegzudenken, halten die Bachblüten nach ersten Widerständen nun auch vermehrt Einzug in die Allgemeinpraxen der Ärzte. Immer mehr Mediziner nehmen allmählich Abschied von der reinen »Gerätemedizin« und wenden sich auch den feinstofflichen Ebenen im Menschen zu.

Als erste haben sich die Leidenden auf ihrer Suche nach Linderung und *wahrer Heilung* Bachs revolutionären Gedanken geöffnet und sich dafür entschieden, diesen »Blüten-Weg« zu gehen. Sie haben sich der Heilkraft der Natur anvertraut und dadurch zu mehr Gesundheit, Harmonie und Lebensfreude gefunden.

So wie Emanuel Hahnemann, der Begründer der Homöopathie, ging auch Edward Bach (1886–1936) davon aus, daß jedes Krankheitsgeschehen, das sich körperlich manifestiert, seine Ursache in der geistig-seelischen Ebene hat. Dies veranlaßte ihn, sich auf die Suche nach neuen Heilswegen, nach natürlicheren und menschenwürdigeren Therapieansätzen zu begeben.

Edward Bachs langjährige Studien, Entdeckungen, Erkenntnisse und tiefe Lebenseinsichten, die heute von *Mechthild Scheffer* (der autorisierten Bach-Repräsentantin und Lehrbeauftragten für Deutschland, die Schweiz und Österreich) erfolgreich weitervermittelt werden, sind nicht nur für Menschen ein »göttliches Geschenk«, sondern auch für die Tier- und Pflanzenwelt von Nutzen.

Mittlerweile sind viele Bücher über Bachblüten geschrieben worden. Immer mehr Heilpraktiker, Ärzte und interessierte Laien haben den Wunsch, ihre Erfahrungen mitzuteilen – daß heißt, mit ihren Mitmenschen zu teilen. Teilen und dienen war die Lebensdevise von Edward Bach.

Auch ich möchte mit Ihnen meine Gedanken und Erfahrungen teilen und Sie einladen, mit mir auf Entdeckungsreise zu gehen.

Dabei wünsche ich Ihnen viel Freude und erkenntnisreiche Augenblicke!

# Leitgedanken zum Buch

Mit diesem Buch wende ich mich an die Praktiker – Heilpraktiker, Homöopathen und Ärzte –, die häufig mit den Bachblüten zu tun haben und sie anwenden. Vor allem aber würde ich dieses Buch gerne in den Händen der Betroffenen sehen.

Im Rahmen meiner Seminar- und Beratungstätigkeit habe ich immer wieder auf die verstärkende Wirkung der *Bachblüten* in Verbindung mit dem *positiven Denken* hingewiesen. Vor etwa fünf Jahren wurde von Teilnehmern der Wunsch nach passenden *Affirmationen* für die Bachblüten geäußert. Mit dem vorliegenden Buch möchte ich diesem Wunsch nachkommen.

In übersichtlicher, knapper und praxisnaher Form finden Sie die *Affirmationen für jede Blüte*, deren richtige Anwendung sowie die möglichen psychologischen und seelischen Zusammenhänge.

Benutzen Sie dieses Büchlein als »kleines Nachschlagewerk«, und lassen Sie sich anregen, eigene Affirmationen zu finden.

Pfaffenhofen/Ilm, Sommer 1996

*Helmut G. Sieczka*

*»Das Leben verlangt von uns nicht unvorstellbare Opfer; es bittet uns, mit Freude in unserem Herzen auf seine Reise zu gehen und als Segen für die Menschen um uns zu wirken, so daß wir unsere Aufgabe erfüllt haben, wenn die Welt, wenn wir sie dereinst verlassen, aufgrund unseres Besuches nur um jene Kleinigkeit besser geworden ist.«*

*Edward Bach*

# *Der Blüten-Weg*

Der Engländer *Dr. Edward Bach* (1886–1936) war praktischer Arzt, Bakteriologe, Homöopath, Forscher und Begründer der Blütentherapie. Als Arzt kam er bei seiner Arbeit zur Einsicht, daß sein bisheriges medizinisches Wissen nicht ausreichte, um an die eigentliche Ursache der Krankheit heranzukommen und sie beseitigen zu können. Zu dieser Zeit legte er, wie es auch heute noch in vielen Arztpraxen der Fall ist, seinen Schwerpunkt darauf, Symptome zum Verschwinden zu bringen. Diese tauchten dann später in einer anderen Form (Symptomverschiebung) wieder auf.

Diese unbefriedigenden Ergebnisse veranlaßten ihn, mit 42 Jahren seine gutgehende Praxis in London aufzugeben, um nach einer einfacheren und natürlicheren Heilmethode zu suchen, bei der *nichts zerstört oder verändert* werden mußte. Er suchte nach einer Behandlungsmethode, die *den Menschen in seiner Ganzheit betrachtet* und nicht nur Symptome behandelt. Auf der Suche nach einer *Ganzheitsmedizin* beschäftigte er sich intensiv mit der Homöopathie. Durch sie fand sich Bach in seiner Anschauung bestärkt, die Wurzeln einer Krankheit seien in der *gestörten Ganzheit des Menschen* zu finden und *Gleiches sei mit Gleichem* zu behandeln.

Seine guten Ergebnisse mit der homöopathischen Behandlungsweise konnten ihn jedoch auf lange Sicht nicht befriedigen. Bach erahnte, daß es möglich sein müsse, eine überschaubare Anzahl von natürlichen Stoffen zu finden, die imstande sind, ohne schädliche Nebenwirkungen den Organismus so zu aktivieren, daß er sich selbst heilt und körperliche und psychische Disharmonien schon *im Ursprung energetisch positiv umkehrt.*

Er erkannte, daß je nach Entwicklungsgeschichte, Persönlichkeitsstruktur und Charaktereigenschaften eines Menschen ganz bestimmte Krankheitssymptome auftreten. Bach fing an, seine Klienten in verschiedene Grund- und Persönlichkeitstypen einzuteilen. Je tiefer sein Verständnis für die Natur der menschlichen Persönlichkeit wurde, desto größer wurde sein Wunsch, eine in sich abgeschlossene Heilmethode zu entwickeln.

Ruhelos durchstreifte er die Wälder und Felder Englands auf der Suche nach einem *Naturmittel.* 1930 entdeckte er in der Umgebung von Wales in Zusammenarbeit mit Nora Weeks die ersten Blüten – die ersten 9 der sogenannten »12 Heiler«: Impatiens, Mimulus, Clematis, Agrimony, Chicory, Vervain, Centaury, Cerato und Scleranthus. Ein Jahr später kamen mit den Blüten Water Violet, Gentian und Rock Rose die drei noch fehlenden hinzu. Zu dieser Zeit war seine Sensibilität und Feinfühligkeit schon so stark entwickelt, daß er die energetische Ausstrahlung von Menschen, Tieren und Pflanzen unmittelbar wahrnehmen konnte. Einige Blüten mußte er nur noch auf die Zunge legen, um zu wissen, für welche menschliche Eigenschaft bzw. welchen Charakterzug sie geeignet waren.

Bach fand 38 Essenzen, von denen 37 aus wildwachsenden Blüten hergestellt werden, während die letzte (Rock Water) aus reinem Quellwasser kommt. Beim Finden mancher Blüten geschah es, daß er selbst stark unter den entsprechenden Gemütszuständen litt, bis er die richtige Blüte fand und ausprobieren konnte. Es dauerte sechs Jahre, bis Bach alle 38 Blüten gefunden hatte.

Seine Arbeit war geprägt von großem Mitgefühl. Er handelte spontan, wenn er gebraucht wurde. Immer wieder war er bereit zu geben und zu helfen, ohne eine Gegenleistung zu verlangen. In dem kleinen Dorf Sotwell lebte Bach bis zu seinem Tode. In den letzten fünf Lebensjahren vervollständigte er seine Methode. Er verbrachte diese Jahre in großem Glück und Zufriedenheit.

Nach seinem Tode entstand das Edward Bach Healing Center. Dieses Gesundheitszentrum existiert weiterhin und ist eine ständige Quelle der Inspiration für viele Suchende und für jene, die einen natürlichen, wahren Heilungsweg gehen wollen.

## *Der Weg der Heilung nach Edward Bach*

Edward Bach war, wie Hippokrates, Paracelsus und Hahnemann, davon überzeugt, daß Krankheit keinen materiellen Ursprung hat. Krankheit war für ihn nur das körperliche Endresultat eines anhaltenden Wirkens tieferliegender Kräfte. Auch bei einer erfolgreichen *materialistischen Behandlung* wurde seiner Meinung nach die wahre Ursache nicht beseitigt. Er sah Krankheit als einen Konflikt zwischen dem Höheren Selbst (unserem göttlichen Wesenskern) und der Persönlichkeit (Ich/Ego) eines Menschen.

Im zweiten Kapitel seines Buches *Heal thyself* (deutsch: *Heile Dich selbst*, siehe Anhang) stellt er einige Prinzipien auf, die als Wahrheit anerkannt werden müssen, wenn man das Wesen der Krankheit erklären will:

1. Anerkennen, daß der Mensch eine Seele hat, die göttlich ist. Gott beschützt und geleitet sie und zeigt ihr den Weg, der für ihre Weiterentwicklung nötig ist. Die Seele will uns führen, vorausgestzt, wir lassen uns von ihr führen.
2. Anerkennen, daß wir auf der Erde sind, um die Tugenden zu entwickeln, die uns fehlen, und um all das auszulöschen, was einer geistigen Höherentwicklung entgegensteht. Unser Erdendasein erwartet von uns eine Vervollkommnung unseres Wesens. Die Seele stellt uns in Situationen, die sich für diesen Zweck am besten eignen.
3. Anerkennen, daß unser Leben auf der Erde im Verhältnis zu unserer Entwicklung nicht mehr ist als ein Augenblick oder nicht mehr als ein »Schultag« unsrer

gesamten Schulzeit. Unsere Seele ist unsterblich, unser Körper hingegen vergänglich.

4. Solange unsere Seele und unsere Persönlichkeit in Harmonie sind, ist unser Leben Freude, Frieden und Gesundheit. Die Konflikte und Disharmonien beginnen dann, wenn unser Ich/unser Ego einen anderen Weg geht als jenen, den wir vor dem jetzigen Erdendasein mit unserer Seele vereinbart hatten. Diese Disharmonie ist nach Dr. Bach die Wurzel und Ursache von Krankheit und Unglück.
5. Das fünfte Prinzip ist die Erkenntnis der Einheit aller Dinge. Der Schöpfer aller Dinge ist Liebe, und alles, was wir kennen, ist die Offenbarung dieser Liebe. Alles, was existiert, steht in vielfältiger Weise miteinander in Verbindung. Egal ob Mensch, Tiere, Pflanzen oder Kieselstein – nichts ist voneinander getrennt, alles wirkt und gehört zusammen. Deshalb sprach Dr. Bach von der »Schöpfung als der riesigen, strahlenden Sonne, die nichts als Mildtätigkeit und Liebe aussendet«.

Diesen fünf Prinzipien stehen zwei fundamentale Kräfte gegenüber, die gegen die universellen Kräfte und gegen die Einheit verstoßen:

- die Trennung unseres Egos von der Seele
- ungeläutertes, schädliches Verhalten und Grausamkeit gegen andere (und gegen sich selbst).

Diese beiden Kräfte führen uns letztendlich in die Krankheit. Darum ist Krankheit im Grunde wohltätig, denn ihr Zweck ist es, die Persönlichkeit/das Ich zurück zum göttlichen Willen zu führen, wie es in der Seele festgelegt ist. Wir können körperliche Leiden vermeiden, wenn wir in uns die Fehler erkennen und durch geistige und gedankliche Anstrengungen richtigstellen, bevor uns Krankheit darauf hinweist.

Diese Erkenntnisse veranlaßten Bach, nicht in erster Linie den Krankheitssymptomen seine Aufmerksamkeit zu schenken, sondern zu versuchen, die Persönlichkeit – den inneren Menschen – zu ergründen. Er war überzeugt, daß jeder Mensch negative (ungeläuterte) Eigenschaften in sich trägt, die er, wenn er sich vervollkommnen möchte, erkennen und ins Positive wandeln muß.

Die negativen Eigenschaften sind: Zwang, Angst, Gleichgültigkeit, Unentschlossenheit, Ruhelosigkeit, Zweifel, Fanatismus, Ungeduld, Unwissenheit und Schwäche. Dies sind – nach Bachs Meinung – die Quellen und die wahren Ursachen von Krankheit.

Die Eigenschaften für Heilung sind: Liebe, Mitgefühl, Frieden, Standhaftigkeit, Sanftmut, Verständnis, Weisheit, Vergebung, Toleranz, Mut, Freude und Glauben.

Gesundheit und Lebensfreude sind unser natürlicher Zustand. Gesundheit bedeutet aber auch, auf die Stimme der Seele zu hören, damit wir nicht leiden müssen. Wie sagt das Sprichwort: Wer nicht hören will, muß fühlen! Wir dürfen aber nur auf die Seele hören und auf nichts anderes. Sobald wir auf etwas anderes oder jemand anderen hören, kommen wir von unserem Entwicklungsweg ab.

Lauschen wir der Stimme unserer Seele, finden wir den wahren Weg und tiefe Zufriedenheit. Nur die Seele weiß, worauf es ankommt. Lassen wir uns führen, so kommen wir an unser gewünschtes Ziel. Dabei ist es wichtig, uns nicht im Materiellen zu verlieren und anderen Menschen die Freiheit zu gewähren, selber über ihren Weg zu bestimmen. Jene, die uns beherrschen und kontrollieren wollen, können wir klar, sanft und liebevoll abweisen. Wir dürfen es also nicht zulassen, daß wir die Vorstellungen der anderen erfüllen und dabei von *unserem Weg* abkommen.

## *Die 38 Blüten*

*Agrimony* 66/67 – Kleiner Odermennig – *Agrimonia eupatoria*

*Aspen* 68/69 – Espe, Zitterpappel – *Populus tremula*

## *Die sieben grundlegenden Gemütsstrukturen*

Edward Bach unterschied sieben grundlegende Persönlichkeitstypen mit klaren und eindeutigen Charakterstrukturen und Gemütssymptomen.

Die sieben Hautgruppen sind:

1. ***Ängste > Urvertrauen und Mut***
   Rock Rose 116, Mimulus 104, Cherry Plum 76, Aspen 68, Red Chestnut 114

2. ***Unsicherheitsgefühle > Selbstbewußtsein***
   Cerato 74, Scleranthus 120, Gentian 88, Gorse 90, Hornbeam 98, Wild Oat 136

3. *Interessenlosigkeit für die Gegenwart > aktive Teilnahme am Leben*
Clematis 82, Honeysuckle 96, Wild Rose 138, Olive 110, White Chestnut 134, Chestnut Bud 78, Mustard 106

4. *Einsamkeit > Verbundenheit und Einheitsgefühle*
Water Violet 132, Impatiens 100, Heather 92

5. *Überempfindlichkeit für äußere Einflüsse und Ideen > Eigenverantwortung übernehmen und in Selbstbestimmung finden*
Agrimony 66, Centaury 72, Walnut 130, Holly 94

6. *Hoffnungslosigkeit und Verzweiflung > Zuversicht und Optimismus*
Larch 102, Pine 112, Elm 86, Sweet Chestnut 124, Star of Bethlehem 122, Willow 140, Oak 108, Crab Apple 84

7. *Übertriebene Sorge um andere > Selbstvertrauen und Entscheidungskraft*
Chicory 80, Vervain 126, Vine 128, Beech 70, Rock Water 118

## *Die Herstellung der Blütenessenzen*

Durch einen »Zufall« – die Dinge fallen einem zu, wenn die Zeit dafür reif ist – hat Bach ein altes Verfahren aus dem keltischen Kollektivwissen seiner walisischen Vorfahren wiederentdeckt. Bei diesem Verfahren (Sonnen- und Kochmethode) werden ganz bestimmte Pflanzenexemplare (Pflanzen mit spezifischen positiven Eigenschaften und besonders hoher Schwingungsfrequenz) morgens vor neun Uhr an einem sonnigen Tag bei wolkenlosem Himmel vorsichtig gepflückt. In unmittelbarer Nähe des Gewächses werden die gepflückten Blüten in eine Glasschüssel mit natürlichem Quellwasser aus der Umgebung gelegt.

Nun läßt man die Glasschale 45 Minuten an der Sonne stehen. Später konserviert man die Flüssigkeit mit Alkohol und verdünnt sie in einem bestimmten Verhältnis.

Zu dieser Zeit muß die Sonne klar und der Himmel wolkenlos sein. Dies ist die Voraussetzung dafür, daß ein natürlicher alchimistischer Prozeß in Gang gebracht wird. Die Energie, die die Pflanze ausstrahlt, wird auf das Wasser in der Schüssel übertragen. Es ist bekannt, daß die energetische Ausstrahlung einer Pflanze gerade in der Blütezeit am höchsten ist. Darum stellt man die Essenzen in dieser Zeit der Vollreife her.

Bei der Kochmethode wird vor neun Uhr ein 3,5-Liter-Emailletopf mit etwa 120 g Blüten, Stielen und Blättchen gefüllt. Diese werden am Standort mit Quellwasser übergossen und etwa 30 Minuten auf einer kleinen Flamme zum Kochen gebracht. Nach der Abkühlung wird die Flüssigkeit mehrfach gefiltert und weiterverarbeitet. Die eine Hälfte der Blütenextrakte wird nach der Sonnenmethode und die andere Hälfte nach der Kochmethode hergestellt. Für die Sonnenmethode werden die Blumen verwendet, die im späten Frühling oder im Sommer blühen, wie zum Beispiel Oak, Gorse, Water Violet, Mimulus, Centaury.

Damit die Qualität erhalten bleibt, werden auch heute noch alle »Original-Blütenessenzen« an den gleichen Fundstellen gesammelt und nach dem gleichen Verfahren hergestellt, das Bach festgelegt hat.

In weiser Voraussicht gab Bach all sein Wissen und seine Erfahrungen an seine engsten Mitarbeiter weiter, damit seine Heilmethode in seinem Sinne weitergeführt werde.

Auf die Schwierigkeiten und Feinheiten des Herstellungsprozesses wies 1978 die engste Mitarbeiterin Bachs, Nora Weeks, hin: »Wir möchten es denjenigen Menschen in England, die ihre eigenen Essenzen von Bachblüten herstellen, dringend nahelegen, größte Sorgfalt darauf zu verwenden, die richtigen Blüten auszusuchen, sonst werden sie von den Ergebnissen enttäuscht sein.«

## *Die Wirkung der Blütenessenzen*

Der Mensch besteht nicht nur aus dem physischen Körper, sondern er besitzt auch einen feinstofflichen energetischen Körper. Dieses Energiefeld – die Aura –, das mit hochempfindlichen Geräten fotografiert werden kann, umgibt den ganzen Menschen. Weil die Aura/das Energiefeld des Menschen eine ähnlich feine Ausstrahlung bzw. Schwingungsfrequenz wie die Bachblüten hat, wirken die Blütenessenzen mit dem jeweiligen dazugehörigen Schwingungsmuster positiv auf die blockierten Bereiche im Aurafeld des Menschen.

Treffen zum Beispiel »Impatiens-Blütenimpulse« auf eine »Ungeduldsblockade«, so kann diese »umgekehrt« und auf eine höhere Frequenzebene angehoben werden, und es kann der positive Aspekt »Geduld« zum Ausdruck kommen.

Vor allem die negativen Energieblockaden und Gefühlsprogramme sind auf den niedrigeren Frequenzebenen der menschlichen Natur gespeichert. Mit Hilfe von energetischen Impulsen (Bachblüten oder/und positiven Gedanken) können die Blockaden aufgelöst werden. Die Informationen aus der Seelenebene, die uns sagen, was wir tun und wie wir leben sollen, kommen jetzt nicht mehr verzerrt auf der Persönlichkeitsebene an, und unser *Ich* kann verstehen, was unsere Seele/unser Höheres Selbst von uns will.

Die Bachblüten-Essenz ist als eine Art »Verbindungs- und Schaltstelle« zu verstehen, die den Kontakt zwischen Seele und Persönlichkeit wiederherstellt. Oder anders gesagt: Das individuelle und disharmonische Energiemuster eines Menschen, das im Laufe seines Lebens durch traumatische Ereignisse auf der Gefühls-, Gedanken- und Handlungsebene negativ beeinflußt wurde, kann harmonisiert und normalisiert werden. In dem Moment, da wir wieder in Kontakt mit uns selbst stehen, können wir unseren Lebensweg sehen und gehen. Wir sind nicht mehr getrennt von unserer Seele und von der Einheit. Wir erfahren das Gefühl von Harmonie und Geborgenheit immer stärker.

Natürliche Eigenschaften, Talente und positive Tugenden können erkannt und gelebt werden. Jahrzehntelang gehegte Gefühlsmuster werden aus der energetischen Ebene »herausgeschwemmt«, und es zeigt sich eine Harmonisierung des gesamten Energiefeldes. Dies führt den Menschen letztendlich in neue Erkenntnisprozesse und auf eine andere Bewußtseinsebene.

## *Wie Sie die richtigen Blüten finden können*

Grundsätzlich können drei Fragenkomplexe helfen, die richtige Blüten- und Affirmationsauswahl zu treffen:

1. Wie fühle ich mich? (Zum Beispiel: Ich fühle mich kraftlos, ungeduldig oder traurig.)
2. Warum fühle ich mich so? Mit welchen Lebensumständen könnten die Symptome oder Beschwerden zu tun haben? Mögliche Gründe herausfinden.
3. Welche grundlegenden Eigenschaften besitze ich? (Zum Beispiel: Ich bin schüchtern, verträumt oder/und ängstlich.) Sind diese Eigenschaften oder Verhaltensweisen auch in meiner Familie zu finden? Habe ich diese übernommen?

Für die Vorgehensweise gibt es ebenfalls mehrere Möglichkeiten:

1. Sollten Sie Ihre Blüten selbst auswählen wollen, dann können Sie diese mit Hilfe eines Fragebogens (siehe Anhang) finden. Die Erfahrung hat jedoch gezeigt, daß viele Menschen ein verzerrtes Selbstbild haben und das Ergebnis deshalb verfälscht wird. Damit Sie die richtigen Blüten und passenden Affirmationen finden, soll-

ten Sie sich einen Überblick über alle Blüten und Eigenschaften verschaffen – zumindest sollten Sie die Kurzbeschreibungen durchlesen.

Außerdem sollten Sie sich selbst gut kennen und in bezug auf Ihre negativen Eigenschaften ehrlich sein. Die richtigen Blüten und Affirmationen können dann wahre Wunder bewirken.

2. Sensitive verwenden das Pendel oder die Bio-Antenne, oder sie vertrauen ihren Händen und *ziehen nach deren Wahl* beliebige Blütenessenzen.
3. Sie können sich auch an eine(n) erfahrene(n) Bachblüten-Berater(in), Heilpraktiker(in) oder an eine(n) Naturheilarzt(ärztin) wenden und gemeinsam Ihre spezielle Mischung bzw. Affirmationen zusammenstellen.

Wie die Kombination *Bachblüten und positives Denken* wirkt, erfahren Sie auf den nächsten Seiten.

# Bachblüten und positives Denken

Wie wichtig der Zusammenhang zwischen den Bachblüten-Essenzen und dem positiven Denken ist, wird an drei Aussagen Bachs deutlich: *»Krankheit ist das Ergebnis von falschem Denken und falschem Tun, und sie hört auf, wenn Tun und Denken in Ordnung gebracht sind«* und *»Kümmere dich nicht um die Krankheit, denke nur an die Lebenseinstellungen des Leidenden.«* Und an einer anderen Stelle sagt er: *»Krankheit ist ihrem Wesen nach das Ergebnis eines Konfliktes zwischen Seele und Gemüt, und sie wird deshalb nie anders als durch geistige und gedankliche Anstrengungen ausgemerzt werden können.«*

Wenn wir diesen Aussagen Bachs Glauben schenken, dann ist dies eine Aufforderung, nicht nur die Blütenessenzen einzunehmen, sondern auch unsere Lebenseinstellungen, Gedanken- und Glaubensstrukturen zu überprüfen und gegebenenfalls zu ändern.

Wie wir bereits erfahren haben, wirken Bachblütenessenzen auf der Seelenebene (im wesentlichen) energetisch. Ebenso verhält es sich mit unseren Gedanken. *Jeder Gedanke ist Energie. Jeder Gedanke trägt in sich ein ganz bestimmtes Schwingungsmuster und eine ganz bestimmte Schwingungsfrequenz.* Gedanken sind bewegliche, feine Energieimpulse, Informationen und unsichtbare Kräfte, die sich verwirklichen wollen. Mit unseren Gedanken und Überzeugungen stellen wir unser »Radio« (denn wir sind gleichzeitig Funkstation und Empfänger) auf einen ganz bestimmten »Sender« ein. Schicken wir ständig »negative Gedankenstrahlen« aus (in den Körper, zu den Gefühlsebenen und zu anderen Menschen), müssen wir mit »negativen Ergebnissen« rechnen. Denken wir an Frieden, liebevolle Beziehungen und Wohlstand, dann werden sich diese – früher oder später – realisieren.

Bach formulierte dies so: »*Krankheit ist das Ergebnis von falschem Denken und falschem Tun und hört dann auf, wenn Tun und Denken in Ordnung gebracht sind.*« Also bringen wir unser Denken in Ordnung, indem wir bewußter beobachten, was wir aus der »Gedanken-Sendestation« aussenden und worauf wir unseren »Empfänger« (Wünsche, Erwartungen) eingestellt haben. Dazu ist es nötig, daß wir uns zu bewußten und wachen Denkern machen. Wir selbst (und der Denker in uns) kreieren unsere Erfahrungen. Wir selbst sind die Quelle für viele Lebensumstände (wenn nicht für alle). Und nur wir selbst können unserem Leben eine andere Richtung geben.

Mit der wunderbaren Kombination von *Affirmationen und Bachblüten* ist dies möglich.

## *Negativ oder positiv – gibt es das überhaupt?*

Diese Frage erscheint mir so wichtig, daß ich sie schon im ersten Kapitel besprechen möchte. Einerseits ist es eine Frage der Perspektive (sozial-politische, rechtliche, historische, wirtschaftliche, psychologische, esoterische oder menschliche Perspektive), aus der wir Erlebtes betrachten. Und andererseits lautet die Frage, inwieweit wir uns von der Seele, Gott, dem Urlicht entfernt haben.

Nehmen wir als Beispiel Kriegshandlungen. Denken Sie sich in einen Politiker hinein. Er wird viele Seiten bei seinen Verhandlungen mit einbeziehen müssen. Ein Wirtschaftler wird sich fragen, ob er dadurch einen »Gewinn« oder einen »Verlust« erleidet. Den Historiker werden vermutlich die Hintergründe interessieren. Ein Esoteriker würde vielleicht sagen: »Zum Licht gehört der Schatten« und »Der Mensch braucht immer wieder einmal Krieg (Auseinandersetzungen), damit er wieder begreift, was Frieden bedeutet.« Der »Mensch« in uns wird (mit Recht) fassungslos und mit großem Unverständnis auf die kriegerische Auseinandersetzung und Zerstörung blicken. Was aber haben alle »Sichtweisen« gemeinsam? Jeder sieht die Dinge aus seiner Perspektive. Niemand sieht das Ganze.

Aber lassen Sie uns von diesem extremen Beispiel Abstand nehmen und das Alltägliche in unserem Leben betrachten. Dazu eine kleine Geschichte, die sich vor einiger Zeit in einem Seminar zugetragen hat. Kurz vor Seminarbeginn unterhalten sich zwei Frauen. »Mein Gott«, sagt die eine, »ist das ein schreckliches und grauenhaftes Wetter, andauernd regnet es.« Die andere meint: »Wieso, ich finde es wunderbar. Regen erfrischt und reinigt die Luft, und danach riecht alles so frisch und sauber.« Die gleiche Situation wird von den beiden Frauen verschieden (einmal negativ, einmal positiv) erlebt, weil sie unterschiedliche Betrachtungsweisen haben.

Eine Frau erzählte (in dem gleichen Seminar) von ihrer schweren Krankheit, die mit vielen Operationen verbunden war. Die meisten Teilnehmer waren sehr berührt von dem Leiden und Schicksal dieser Frau und äußerten ihr Mitleid. Als die Frau das Mitleid der anderen bemerkte, sagte sie: »Es war nicht immer einfach, und manchmal wußte ich nicht, ob ich das alles ertragen und schaffen würde. Aber glaubt mir, euer Mitleid ist nicht notwendig, denn die Krankheit hat mich zu einem anderen, bewußteren Menschen gemacht. Heute sehe ich mein Leben und die Welt mit anderen Augen. Heute bin ich viel wacher, dankbarer, einfacher und bescheidener geworden. Die Krankheit hat mir geholfen zu sehen, daß alles vergänglich ist. Sie hat mit geholfen zu erkennen, was für mich wirklich wichtig ist. Ich habe mich am Anfang so gegen diese Krankheit gewehrt, bis ich erkennen mußte, was sie mir sagen wollte. Es war wie eine schwere Geburt ins Leben. Etwas in mir mußte sterben, damit das Neue zum Vorschein kommen konnte.«

Was ist denn nun grundsätzlich negativ und was positiv? Alles, was uns guttut, aufbauend, förderlich und lebensbejahend ist, was wir akzeptieren; alles, dem wir zustimmen, was uns zusagt, wo wir einer Meinung sind, wo wir zu- und bestimmen können, wo uns Liebe und Anerkennung entgegengebracht wird – all das nennen wir positiv. Alles, was einengt, gegen unsere Meinung ist, uns kleiner und krank macht, uns abwertet, was Schmerz und negative Gefühle verursacht, unkontrollierbar ist, dem gegenüber wir machtlos sind, uns nicht zusagt, was undurchschaubar ist und angst macht, all das erleben wir negativ.

Zwei Pole – negativ die eine Seite und positiv die andere Seite. Das eine existiert durch das andere. Licht und Schatten, Tag und Nacht, Wärme und Kälte, Freude und Trauer, Geburt und Tod sind untrennbar miteinander verbunden.

Auch in dem, was wir nicht verstehen, ist die Kraft, die die Welt und uns Menschen voranbringt. Oder in dem, was wir böse oder schlimm nennen. Wie oft geschieht es (wie in dieser Geschichte), daß Menschen sich nach einer durchstandenen Krankheit völlig verwandelt haben! Oft kann der Kranke am Anfang seiner Krankheit die hinter ihr stehende Absicht nicht erkennen. Dies geschieht meistens erst später. Oft kommt die Herausforderung, die uns zu Neuem zwingt, aus dem Negativen und Unerträglichen; aus dem, was wir lieber weghaben oder ausklammern wollten. Wenn wir uns auch mit den »nichtgelebten Seiten« verbünden und uns ihnen stellen, dann sind wir verbunden mit einer weiteren Quelle unserer Kraft. Dann erleben wir uns nicht »einseitig«, sondern als ganze Menschen. Dann sind wir ein wenig mehr im Einklang mit dem Ganzen und der Existenz. Deshalb sollten wir verstehen, daß das »Schlimme« mehr ist als nur der Schatten zum Licht. Denn das Licht wird von der Dunkelheit getragen und durch sie sichtbar.

Warum sollen wir uns mit »positiven Gedanken« beschäftigen? Ganz einfach – weil wir uns viel zu weit von der Mitte, der göttlichen Urschwingung, dem Urlicht, der großen Harmonie entfernt haben. Und weil wir das Geschenk Leben (mehr oder weniger) verneint haben.

Positives Denken und die Beschäftigung mit Affirmationen sollen das »negative Übergewicht« etwas ausgleichen. Wo würden Sie Ihr Denken, Ihre Grundeinstellung dem Leben gegenüber in dieser Skizze eintragen? Mehr positiv oder mehr negativ? Vielleicht sagen Sie: »Das ist von Tag zu Tag verschieden.« Dies mag durchaus so sein, dennoch haben Sie eine ausgeprägte individuelle Grundlebenshaltung.

| – | | | | + |
| --- | --- | --- | --- | --- |
| 100% | 50% | 0% | 50% | 100% |

Lassen Sie uns nun gemeinsam die Strukturen der Gedanken und die Kräfte des Unterbewußtseins auf Körper, Seele und Geist etwas genauer betrachten.

## *Der Aufbau des Verstandes und des Unterbewußtseins*

Erst seit wenigen Jahrzehnten, seit Beginn des Computerzeitalters, ist uns bewußt, daß Gedanken keine harmlosen und energielosen Informationsimpulse sind, sondern daß *menschliche Gedanken* kraftvolle Informationen sind, die nach einer Realisierung streben.

Neurologen und Wissenschaftler entdeckten, daß Gedanken elektrische Impulse und chemische Umschaltungen im Gehirn auslösen. Gedanken sind nicht nur psychologischer Natur, sondern sie sind physiologisch-elektrochemische Auslöser, die die chemische Tätigkeit im Gehirn regeln und beeinflussen. Mit jedem Gedanken werden im Gehirn chemische Kontrollsubstanzen freigesetzt, die wiederum das zentrale Nervensystem in Bereitschaft versetzen, entsprechend zu reagieren und zu handeln.

Gleichzeitig durchsucht das Gehirn die Gedächtnisdatei und speichert an der richtigen Stelle Informationen und Erfahrungen, die in der Zukunft von Nutzen sein könnten. Natürlich laufen diese Prozesse ab, ohne daß wir davon etwas merken. Und doch sind die Schlüsse, die aus diesen neuen Erkenntnissen gezogen werden, von großer Bedeutung.

Erst seit der Mensch den menschlichen Geist versteht, kann er eine entsprechende Technologie entwickeln. Wir haben lange gebraucht, um das menschliche Gehirn zu begreifen. Selbstverständlich läßt sich der menschliche Geist nicht mit einem normalen Computer vergleichen, denn das menschliche Gehirn ist sehr viel komplizierter und vielschichtiger. Und doch lassen sich die wichtigsten Zusammenhänge aus dem Vergleich mit dem Computer ableiten und erkennen.

Und dieses Verstehen des Aufbaus unseres Gehirns ist von großer Bedeutung. Indem wir die Mechanismen unseres Gehirns verstehen, kommen wir zu der Einsicht, daß wir unseren alten Programmen nicht ausgeliefert sind. Wir können erkennen, daß wir sie und damit unser Leben und unsere Lebenserfahrungen ändern können.

Lassen Sie uns gleich damit beginnen, indem wir die zehn grundlegenden Gesetzmäßigkeiten des Unterbewußtseins betrachten.

## *Die zehn grundlegenden Gesetzmäßigkeiten des Unterbewußtseins*

1. *Das menschliche Gehirn sammelt durch elektrochemische Prozesse Informationen, die es verarbeitet, speichert und auf die es reagiert.*
2. *Informationen, die das Unterbewußtsein erhält, lösen körperliche und geistige Reaktionen aus.* Beim Autogenen Training läßt sich dieser Zusammenhang sehr gut erkennen. In einem entspannten Zustand geben Sie Ihrem Körper einen gedanklichen Befehl. Sie sagen sich: »Meine linke Hand ist ganz schwer und warm.« Je öfter Sie diese Information Ihrem Körper geben, desto wahrscheinlicher ist es, daß Sie erleben, wir Ihre linke Hand fühlbar schwer und warm wird. Ein anderes Beispiel:

Einem Mann wurde in einer Hypnosesitzung gesagt, daß man ihm ein heißes Stück Eisen in die Hand lege. Es war jedoch ein ganz normales Fünfmarkstück. Nach kurzer Zeit zeigten sich die ersten Brandblasen. Der Verstand als Kontrollebene wurde durch die Hypnose unterlaufen. Auch Ihre Gedanken wirken!

3. *Jede Information, die dem Unterbewußtsein angeboten wird, ist verzerrt und verbunden mit Informationen, die in der Vergangenheit aufgezeichnet wurden.* Jede neue Information wird auf der Verstandesebene analysiert und mit den alten Programmen verglichen. Erst dann stimmen wir ihr zu oder lehnen sie ab. Unsere Gedanken stehen nicht für sich alleine, sondern sind mit einer Fülle von *früheren Informationen* und *Daten* gekoppelt. In der ersten Begegnung mit einem fremden Menschen werden in wenigen Sekunden eine Vielzahl von bereits gemachten und gespeicherten geistigen Notizen nach Ähnlichkeiten mit diesem neuen Menschen »durchgecheckt«. Rufen diese Ähnlichkeiten positive Erinnerungen ab, werden Sie sich dieser neuen Begegnung gegenüber positiv und aufgeschlossen verhalten. 80 und mehr Prozent der Gegenwart erfahren wir aus der Vergangenheit, die Gegenwart ist also mit Filmen aus der Vergangenheit überlagert.
4. *Das Unterbewußtsein ist neutral, es kann die Informationen nicht nach ihrem Wert, nach Inhalt und Richtigkeit überprüfen, es kann nicht zwischen gut und böse, nicht zwischen realer und eingebildeter Wirklichkeit unterscheiden.* Diese Tatsache ist ein grundlegender Ansatzpunkt für Veränderungen. Hier liegt unsere Chance, Negatives in Positives zu verwandeln.
5. *Das Unterbewußtsein reagiert auf jede Information; dabei ist es ihm egal, ob es sich um eine positive/lebensbejahende oder negative/lebensverneinende Information handelt.* Denken Sie an die vorherige Geschichte mit den Brandblasen! Das Unterbewußtsein führt Befehle auch dann aus, wenn die Verstandesebene ausgeschaltet wurde. Das Unterbewußtsein tut das, was wir ihm sagen!

6. *Das Unterbewußtsein besitzt viele Programme, die es über die Jahre hinweg gesammelt hat.* Wir sollten uns bewußt sein, daß in ihm Vorurteile, unreale Überzeugungen und ein verzerrtes Weltbild enthalten sein können.
7. *Mit mehreren sich widersprechenden Programmen konfrontiert, hat das Unterbewußtsein die Neigung, dem stärksten Programm zu folgen.* Das stärkste Programm ist meist jenes, das am häufigsten mit gleichen oder ähnlichen Informationen versorgt wurde. Werbefachleute gebrauchen dieses Grundprinzip der Wiederholung, damit sie unserem Unterbewußtsein Produkte verkaufen können.
8. *Die Stärke oder Kraft eines Programmes hängt davon ab, wie stark sich der Inhaber mit ihm identifiziert und welche Bedeutung er dem Ursprung gibt.* Je mehr wir von dem Programm überzeugt sind, desto realer und wirklicher erscheint es uns. Dies geschieht dann, wenn der Sender für den Empfänger eine große Autorität darstellt (z. B. »Mein Vater sagte schon immer ...« oder »In der Bibel steht ...«).
9. *Je mehr der Inhaber des Programmes eine Information glaubt, desto realer und wirklicher wird sie sich im alltäglichen Leben zeigen. Das Programm, von dem wir am meisten überzeugt sind, wird sich gegen die anderen Programme durchsetzen und sich realisieren.*
10. *Die Stärke des Programms wird von der Intensität des Gefühls (Angst, Freude) beeinflußt, das mit ihm verbunden ist.* Je bildhafter, gefühlsbetonter und lebendiger die Bilder im Unterbewußtsein aufgezeichnet sind – zum Beispiel eine Erfahrung in Verbindung mit Angst oder Freude –, um so länger werden sie in unserer Erinnerung gespeichert bleiben und wirken. Gefühle (negative und positive) sind wie »Klebstoff« für unsere Erinnerungen. Je mehr Gefühl, um so dauerhafter und fester sind die Erinnerungen verankert.

## *Die Folgen unserer Lebensprogrammierung*

1. *Unsere Programme machen uns lebensfähig!* Unsere Grundprogrammierung enthält ein Bild davon, was ein Fisch, eine Blume, ein Baum, ein Auto, ein Flugzeug, eine Frau und ein Mann ist, sie zeigt uns, wie die Farbe Blau aussieht. Unser Grundprogramm ist gleichzeitig auch unser »Betriebssystem«. Ohne Grundprogramm würden Sie nicht wissen, daß Sie ein Mensch sind. Damit wir miteinander kommunizieren und uns verständigen können, brauchen wir diese *Grundprogrammierung*. In ihr sind jedoch auch viele Hindernisse für unsere Lebendigkeit und Lebensfreude eingespeichert.
2. *Unsere Programme bestimmen unsere Überzeugungen*. Wir besitzen Programme und mit ihnen Überzeugungen und Vorurteile. Die Psychologie geht davon aus, daß wir die meisten Überzeugungen schon in den ersten vier Lebensjahren angenommen haben. Wenn Sie von einer bestimmten Sache überzeugt sind und sagen: »Ich kann das nicht«, oder wenn Sie sich für klein und unscheinbar halten, dann können Sie sicher sein, daß Sie es nicht können und daß andere Sie auch für klein und unscheinbar halten werden. *Gedanken wirken nach innen und nach außen!*
3. *Unsere Überzeugungen bestimmen unsere Einstellungen*. Wenn Sie in Ihrem Leben viel Tadel und Kritik erhielten, dann haben Sie mit großer Wahrscheinlichkeit eine Schutzhaltung angenommen. Vielleicht war das in einer Phase Ihres Lebens notwendig. Diese Haltung werden Sie beibehalten, bis Sie sie bewußt durch eine »Ich-bin-sicher-Haltung« ersetzen. Wir sollten nicht ständig versuchen, das Leben in all seinen vielen Facetten und die Menschen mit ihren verschiedenen Einstellungen zu verändern. Vieles von dem, was wir wahrnehmen, gefällt uns nicht, und der Wunsch, es zu ändern, ist normal. Und doch ist es eine Realität, daß wir nur auf sehr wenige Dinge wirklich Einfluß haben und sie verändern

können (und müssen). Deshalb ist es wichtig, daß wir in der Lage sind, auch mit unveränderlichen Gegebenheiten zurechtzukommen, und daß wir mit ihnen gut leben können. Unser Wissen darüber, daß wir unsere inneren Einstellungen und Positionen verändern können, wird uns dabei helfen. Schließlich sind wir flexible Wesen!

4. *Durch unsere Einstellungen entstehen unsere Gefühle.* Es gibt einen direkten Zusammenhang zwischen unseren Gedanken und Gefühlen. Wenn Menschen sagen: »Das ist ein Gefühl« und »So fühle ich«, sind sie häufig der Meinung, ihre Gefühle seien unabhängig von ihren Gedanken. Dies ist jedoch *nicht* der Fall. Gefühle und Gedanken sind untrennbar miteinander verbunden. Jeder Gedanke ist mit den dazugehörigen Gefühlen gekoppelt. Wenn zum Beispiel jemand weint und man fragt, was er/sie denkt, erhält man häufig die Antwort: »Nichts, es ist nur ein Gefühl.« Gefühle sind oft so stark, daß wir die dahinterstehenden Gedanken nicht mehr wahrnehmen können. Wenn wir uns aber beruhigt haben, werden auch unsere Gedanken und unsere innere Haltung sichtbar werden.
5. *Unsere Gefühle bestimmen unsere Handlungen.* Nichts in der Welt treibt Menschen so stark an wie ihre Gefühle. Ein Mensch, der Liebesgefühle in seinem Herzen trägt, handelt anders als einer, der Rachegefühle hegt; dennoch können beide Gefühle ungeahnte Kräfte aktivieren.
6. *Unser Handeln schafft Ergebnisse.* Unsere Ergebnisse sind Spiegel für unsere Entscheidungen und Handlungen. Wie leben wir? Sind wir glücklich? Sind wir erfolgreich? Nun – an dieser Stelle schließt sich der Kreis. Wenn wir unsere Programme ändern, verändern sich unsere Überzeugungen, Einstellungen, Gefühle, Handlungen und Ergebnisse.

Helfen uns unsere Programme? Wenn nicht, sollten wir sie ändern! Dadurch gestalten wir für uns eine andere Lebenserfahrung. Unser ganzes Dasein wird sich ändern!

Dabei haben wir alle schon festgestellt, daß »äußere« und »innere« Hindernisse den Weg verstellen, wenn wir unsere Wünsche realisieren und dauerhafte Veränderungen herbeiführen wollen. Grundlegende und wünschenswerte Veränderungen lassen sich nicht sofort verwirklichen. Aber gerade der sogenannte »zivilisierte Mensch« hat an sich selbst und an seine Mitmenschen diesen Anspruch. Alles muß schnell gehen. Wir wollen die Dinge am besten schon vorgestern erledigt wissen. Wir sind von einem »Instant-Denken« geprägt, das uns eingibt, unsere Wünsche und Ideen müßten sich *sofort* verwirklichen.

Aber genau das steht im Widerspruch zu unserem menschlichen Gehirn, denn es ist nicht dafür vorgesehen, dauerhafte, schnelle und unmittelbare Veränderungen herbeizuführen. Millionen von Gedächtniszellen, Gedankenkreisläufe und ein kompliziertes Netzwerk von Programmen lassen sich nicht in wenigen Tagen oder Wochen grundlegend verändern. Zu sagen, daß wir uns in wenigen Tagen schlank denken können, ist eine Lüge. Und es entspricht auch nicht der Wahrheit, daß wir grundlegende soziale und kommunikative Probleme im Handumdrehen »wegdenken« können.

Wahr ist, daß unser Verstand gerne Gewohntem und Vertrautem folgt. Wir dürfen deshalb von ihm nicht erwarten, daß er »leichtfüßig« von einem Verhaltensmuster zum nächsten springt. Der Verstand ist von Natur aus konservativ und möchte an Gewohntem festhalten. Deshalb widersetzt er sich den meisten Veränderungen, auch wenn sie von Vorteil wären. Das Gewicht der alten Programmierung ist noch zu schwer, als daß sich wünschenswerte Veränderungen rasch vollziehen könnten. Und doch – sobald wir die Gesetzmäßigkeiten und die Arbeitsweise des Verstandes verstehen und sie uns zunutze machen, ist eine Veränderung unserer Geisteshaltung und unseres Lebens durchaus möglich.

Wir können also erkennen, daß unsere (fragwürdigen) Programmierungen Mißerfolge oder Erfolg sowie Krankheiten verursachen. Unser fremdbestimmtes (häufig negatives) »Lebensskript« ist dafür zuständig, inwieweit wir uns weiterentwickeln.

Wie sieht nun unser »Lebensskript« aus? Leben wir in der Realität in einer Illusion?

Eine Alltagserfahrung:
Sie möchten sich ein neues Auto kaufen und haben sich innerlich schon für eine ganz bestimmte Marke entschieden: Was sehen Sie auf den Straßen?

Sie werden erstaunt sein, wie viele Menschen dieses Auto fahren.

Was steckt hinter dieser Erfahrung?
Unser Interesse, unsere Gefühle, Ängste, Erwartungen und Überzeugungen steuern unsere Wahrnehmung.

## *Realität oder Illusion?*

Sie vertreten eine bestimmte Ansicht, und jemand sagt Ihnen: »Sie sind sehr weltfremd«, oder »Das entspricht aber nicht der Realität« – was drückt er damit aus? Nichts anderes, als daß er eine andere Wahrheit für sich in Anspruch nimmt als Sie. Jeder Mensch besitzt eine persönliche Wirklichkeit. Sie ist die Summe unserer Erfahrungen und der Erkenntnisse, die wir für wahr halten. Wenn jemand eine Meinung hat, so besagt das nur, daß ganz bestimmte Informationen ihn überzeugt haben und er sie als *wahr* angenommen hat. Folglich können wir niemals über die Welt etwas sagen, sondern nur etwas über unsere *persönliche Wirklichkeit.*

Wir sehen immer nur einen kleinen Ausschnitt des Gesamten, und alles, was wir wahrnehmen, wird von unseren bisherigen Erfahrungen und Überzeugungen her interpretiert. An dieser »Schnittstelle« können wir unser Weltbild verändern, denn hier gilt das Gesetz: Ändere Deine

Gedanken, und die Welt wird sich verändern. *Unsere Realität ist das, was wir als wahr annehmen.* Diese Erkenntnis ist sehr bedeutsam. Wir haben zu einem Angebot, zu einer Information »ja« und zu einer anderen Information »nein« gesagt! In dem Moment, wo wir zustimmen und etwas bestätigen, wird es für uns wahr. Aber inwieweit entspricht das, was wir wahrnehmen, der Realität? Inwieweit sind wir einer Täuschung, einer Einbildung, einem Trugbild erlegen? Wie viele Informationen aus der Vergangenheit beherrschen unsere Hier-und-jetzt-Wahrnehmung? Welche Vorstellungen, Ideen und Einbildungen haben wir von unseren Lehrern, Erziehern und Eltern übernommen? Es sind wohl mehr, als wir erahnen können.

Wir sehen niemals die Realität, so wie sie wirklich ist. Wenn wir die Welt wahrnehmen, dann *filtern* wir Teile der Wirklichkeit *heraus*. Einiges nehmen wir bevorzugt wahr und anderes gar nicht. Diese Betrachtungsweise wird auch *selektives Sehen* genannt. Dazu eine kleine Übung: Stellen Sie sich, ohne nachzusehen, das Zifferblatt ihrer Armbanduhr vor. Wie sieht die Ziffer 6 aus? Steht anstelle einer Ziffer vielleicht ein Punkt oder ein Strich? Mit Kanten oder abgerundeten Ecken? In welcher Farbe? Obwohl wir täglich mehrmals auf die Uhr sehen, können viele Menschen diese Fragen nicht beantworten. Wenn wir auf die Uhr sehen, wollen wir die Zeit ablesen. Wenn wir dagegen auf die Punkte und Ziffern blicken, dann interessiert uns die Zeit nicht. Die Wahrnehmung wird also von unserem Interesse gesteuert. Aber nicht nur von unserem Interesse, sondern auch von Ängsten, negativen Erwartungen, Überzeugungen und Gefühlen.

Um uns vom selektiven Sehen, von den Trug- und Vergangenheitsbildern zu lösen, müssen wir wacher und bewußter werden. Der kritischere Umgang mit unserem Denken gibt uns die Möglichkeit der Selbstbestimmung. *Der wache und bewußte innere Dialog wird uns den Weg zeigen*, der da heißt: das, was wir bisher als wahr angenommen haben, in Frage stellen! Ein Beispiel: Sie widersprechen innerlich der Aussage Ihres Vaters: »Du kannst das nicht« und überzeugen sich von der Erwachsenenebene aus vom Gegenteil. Kein einfacher Weg, aber hier liegt unsere Chance, Grundsätzliches zu erkennen oder uns von den alten Identifikationen zu lösen.

In dem Moment, wo wir eine »einschränkende Lebensvorstellung unserer Erzieher« über uns aufgeben, geschieht in uns eine Veränderung – ein Wandel. Wir erkennen, daß wir eine neue Dimension in unser Leben bringen können; wir erleben eine neue Freiheit, finden neuen Lebensmut, entdecken unsere Fähigkeiten und Talente und bringen sie zum Ausdruck. Ein negatives Selbstbild wandelt sich in ein positives. Wir können wieder zu uns selbst und zu anderen ja sagen. Für diesen Weg der Selbstbestimmung sind einige Voraussetzungen nötig. Welche? Die Antwort finden Sie auf den nächsten Seiten.

# Wege in die Selbstbestimmung

Jeder Mensch und jedes Lebewesen trägt den Drang in sich, die äußersten Grenzen auszuloten und sich zu erweitern. Ausdehnung, Wachstum und Veränderung sind grundlegende Naturprinzipien, ohne die Leben nicht möglich wäre. Aber – ich hatte dies schon erwähnt – alles Gewordene und Geformte will für immer so bleiben, wie es gerade ist.

Um diese »Trägheit« zu überwinden, müssen wir »Kraft einsetzen«, das heißt Energie aufbringen. Von ihrer Menge hängt es ab, in welchem Ausmaß Veränderung, Wachstum und Fortschritt möglich ist. Energie kann uns, wenn sie falsch dosiert eingesetzt wird, ein unerwünschtes Ergebnis bringen. Dies wird in den nachfolgenden Symptombeschreibungen sehr deutlich werden.

Zuvor befassen wir uns aber mit den sechs Schritten, die *für innere Veränderungen* nötig sind:

1. Der Wunsch/die Bereitschaft nach Veränderung
2. Kenntnis des Standorts
3. Ein Ziel haben
4. Energie – innere Kräfte wecken
5. Sich mit dem Unterbewußtsein verbünden
6. Das Erreichte annehmen

### *1. Die Bereitschaft nach Veränderung*

Fehlt diese Bereitschaft, sind Veränderungen von vorneherein zum Scheitern verurteilt. Prüfen Sie deshalb ehrlich und gewissenhaft Ihre Bereitschaft. In meiner Tätigkeit als Therapeut und Berater begegnen mir immer wieder Menschen, die zwar ihre momentane Situation nicht ertragen können, aber andererseits nicht wirklich bereit sind, ihr Gewohntes und Vertrautes zu verändern. Die wirkliche Bereitschaft zu Veränderung kann sehr schnell sichtbar werden, indem Gewünschtes konkret und detailliert formuliert wird. An der inneren Bereitschaft trennen sich dann die Geister. Also – fragen Sie sich: Bin ich wirklich bereit für ...? Inwieweit bin ich dafür bereit? Was müßte ich aufgeben/loslassen, um ... zu erhalten?

### *2. Kenntnis des Standorts*

Bevor wir unseren »Kompaß« einstellen, müssen wir wissen, wo wir sind. Ein Flugkapitän muß, will er von New York nach München fliegen, wissen, daß er in New York ist. Ergründen Sie deshalb Ihre Ausgangssituation gründlich. Fragen Sie sich: Wo bin ich? Was tue ich mit mir und mit anderen? Was ist mein Problem? Woraus besteht es? Was sind meine Stärken und Schwächen? In der heutigen Zeit nehmen sich viele Menschen nicht mehr die Zeit, zu hinterfragen und genau hinzusehen. Vieles wird sehr oberflächlich betrachtet. Dies ist bedauerlich, denn mit dem genauen Hinsehen und Kennenlernen der Umstände ergeben sich schon in dieser Phase neue Standpunkte, Betrachtungs- und neue Lösungsmöglichkeiten. Grundsätzlich aber gilt: Alle Möglichkeiten und Wege beginnen da, wo Sie sind.

### *3. Ein Ziel haben*

Grundsätzlich sind wir alle in unserem Denken frei. Alle besitzen wir eine aktive Vorstellungskraft, und diese können wir dazu benutzen, aus der Lage, in der wir uns gerade befinden, herauszufinden. Eine Idee, eine Vorstellung, eine Vision zeigt uns das Ziel und den Weg. Aber solange wir das Ziel nicht kennen, sind wir mehr oder weniger orientierungslos. Einerseits können wir nicht überprüfen, ob wir auf dem richtigen Weg sind, und andererseits können unsere Gedanken und unsere Energien nicht auf ein Ziel gelenkt werden. Die Kenntnis des Ziels ist aber oftmals schon die halbe Lösung des Problems. Damit wir und unser Unterbewußtsein das Ziel erkennen können, brauchen wir eine plastische und präzise Zielbeschreibung – *klare und verständliche Affirmationen.*

### *4. Energie – innere Kräfte wecken*

Wollen wir etwas bewegen oder verändern, brauchen wir dazu Energie. Ein Flugzeug braucht Energie, damit es fliegen kann. Ein Computer braucht Strom, damit er arbeiten kann. Wir brauchen Muskelkraft, um unseren Körper zu bewegen. Auch wenn wir unsere Einstellungen und negativen Glaubensstrukturen verändern wollen, sind Energien nötig. Diese Energien und Kräfte können wir im Überfluß in uns selbst finden, in positiven Erfahrungen, Fähigkeiten und in unserer Flexibilität. Die Menschen unterscheiden sich voneinander nicht so sehr in ihren Anlagen und Möglichkeiten, sondern darin, wie sie ihre Möglichkeiten anwenden. Damit Sie Ihre wünschenswerten Ziele erreichen, müssen Sie die eigenen Kräfte wecken und in die negativen Gedankenmuster eindringen. Wie das geht, wird in dem Kapitel *Der innere Dialog* ausführlich erklärt.

### *5. Sich mit dem Unterbewußtsein verbünden*

Was nützen die schönsten Pläne und Ziele, wenn die Bereitschaft fehlt, den erdachten Weg zu gehen und die Ziele zu realisieren. *Den Weg gehen* ist für viele Menschen die schwierigste Phase. Warum? Erstens hält uns die *Gewohnheit* fest. Obwohl wir und unser Unterbewußtsein das Beste wollen, hält uns die Gewohnheit von den guten Vorsätzen ab.

Zweitens stellen sich uns irgendwelche Gegenkräfte in den Weg. Diese Gegenkräfte sollten nicht bekämpft, sondern zu Verbündeten gemacht werden. Wie können wir uns mit diesen Gegenkräften verbünden? Indem wir Freundschaft schließen mit allen unseren Gefühlen und mit den bisher abgelehnten Persönlichkeitsanteilen. Ein Beispiel: Ein Mann, der in ganz bestimmten Situationen leicht stottert, versucht mit aller Kraft, sein Stottern loszuwerden. Im Gespräch stellt sich heraus, daß der Anteil in ihm, der stottert, sein kleiner verängstigter Junge ist. In entspanntem Zustand wird er mit dem verängstigten Jungen einen *inneren Dialog* führen, der ihm helfen soll, die Angst und den Schreck sichtbar zu machen. Sobald die Kraft (Angst, Energiemuster), die das Stottern bewirkt hat, erkannt ist, können neue Möglichkeiten, diese Kräfte sinnvoller einzusetzen, genutzt werden. Alle Kraftfaktoren (frühere schmerzvolle Erfahrungen, das Unterbewußtsein und die Zielvorstellung) wirken dann in die gleiche Richtung und helfen, das Ziel zu erreichen.

### *6. Das Erreichte annehmen*

Sie und ich haben schon vieles in unserem Leben erreicht. Wenn wir auf unser bisheriges Leben zurückblicken, gab es mit Sicherheit viele Gegebenheiten, für die wir dankbar sein dürfen und die uns Selbstbewußtsein gegeben haben. Aber gelingt es uns überhaupt, diese Erfolge anzunehmen? Sind wir bereit, Lob und Anerkennung ohne falsches Schamgefühl von anderen anzunehmen? Können Sie es ertragen, im Mittelpunkt zu stehen? Können Sie Ihre Erfolge so richtig genießen und mit anderen teilen? Wenn nicht, dann könnte dies ein Hindernis sein, das Sie von Ihren Zielen und positiven Ergebnissen abhält. Ein weiteres Hindernis kann auch darin bestehen, daß Sie glauben, den Erfolg nicht verdient zu haben, oder daß Sie daran zweifeln, es wert zu sein, Ihre Ziele zu erreichen.

Warum nicht erfolgreich sein? Warum nicht von vielen Menschen geliebt werden? Warum nicht mit einem Menschen zusammenleben, den man wirklich liebt? Warum nicht wirklich gesund sein? Warum sich nicht eine Tätigkeit und Arbeit suchen, die wirklich Spaß macht? Nur weil es dem Gewohnten und längst überholten Vorstellungen widerspricht? Haben Sie Mut und die Bereitschaft, Ihre Ziele zu erreichen! Jedes erreichte Ziel wird Sie auf wunderbare Weise verwandeln, und jeder angenommene Erfolg wird Sie wachsen lassen und Ihnen neue Kraft und Energie geben.

## *Der innere Dialog*

Wir führen ständig – teils bewußt und teils unbewußt – unzählige Dialoge mit uns selbst, ob wir das nun wollen oder nicht. Der Verstand ist unablässig damit beschäftigt, zu untersuchen und zu überprüfen, ob das, was er wahrnimmt und erlebt, richtig oder falsch, gefährlich oder erfreulich, bedrohlich oder hilfreich ist.

Wer redet in diesen inneren Gesprächen mit wem? Jeder Mensch besitzt, nach den Grundlagen von C. G. Jung, eine Vielzahl von *Teil- und Unterpersönlichkeiten*. In unserem Unterbewußtsein ist unser Vater, unsere Mutter und sind wir als Kind gespeichert, um nur die wichtigsten dieser Unterpersönlichkeiten zu nennen. Noch heute »spricht« dieser verinnerlichte Vater mit uns, obwohl er abwesend oder vielleicht schon gestorben ist. Das (vom Vater) »Erlernte« wirkt heute noch und prägt unsere Entscheidungen mit.

So haben ganz bestimmte Erziehungsmuster und Lebensumstände dazu geführt, daß wir uns mit einigen Teilpersönlichkeiten mehr und mit anderen weniger identifizieren. Jene Persönlichkeitsstrukturen, die wir nicht akzeptierten und nicht wahrhaben wollten oder konnten, nennt C. G. Jung den *Schatten*. Möglicherweise wurden natürliche Charaktereigenschaften wie Lebendigkeit und Lebensfreude in der Vergangenheit jedesmal, wenn sie sich zeigten oder gelebt werden wollten, abgelehnt und bestraft. Diese Bestrafung kann sehr subtil (Blicke, Gesten) oder sehr grob (physische Gewalt) gewesen sein.

Um zu »überleben« und geliebt zu werden, haben wir unsere wahren, primären Bedürfnisse (Wahrgenommen-Werden, liebevoller körperlicher Kontakt, Liebe, Zuwendung, Verständnis und Sicherheit) aufgegeben und aus unserem Leben verbannt. Der Wunsch nach Liebe und Verständnis war so groß, daß wir fast alles taten, um es »recht zu machen«. Recht-machen-Wollen und die Freiheit der Selbstbestimmung lassen sich nur sehr schwer vereinbaren. Die meisten dieser verdrängten Primärbedürfnisse bzw. Teilpersönlichkeiten, die voller Sehnsucht nach Wahrnehmung und Liebe sind, leben auch heute noch in uns weiter.

Wenn wir Menschen, die viele ihrer primären Bedürfnisse verdrängt haben, begegnen, drängen unsere eigenen verdrängten Sehnsüchte als unangenehme Gefühle ins Bewußtsein. Durch ihre bloße Anwesenheit erzeugen sie in uns unbewußte Abwehr und Unbehagen.

Wie stark unsere primären Bedürfnisse verdrängt sind, läßt sich daran ersehen, wie wir auf Menschen reagieren, die nicht im selben Maß verdrängen wie wir. Das, was wir selbst nicht leben durften und dürfen, lehnen wir nun an anderen ab. Wenn wir zum Beispiel auf einen Menschen treffen, der sich seiner Sexualität bewußt ist und sie lebt, wir dagegen sie ablehnen mußten, weil sie in unserer Familie kein Thema war, werden wir von der »Offenheit« des anderen unangenehm berührt. Weil uns aber gleichzeitig die eigene abgelehnte Sexualität bewußt wird, kann uns diese Begegnung mit einem möglichen alten Schmerz wieder in Kontakt mit dem Thema bringen.

Betrachten wir noch einmal das Beispiel mit dem Vater. Wenn wir ihn als Kind ablehnten, weil wir wesentliche Dinge (Zärtlichkeit, Aufmerksamkeit und Anerkennung), die wir in der Kindheit gebraucht hätten, nicht bekamen, dann trafen wir *Schutzentscheidungen* (»Papa ist blöd«), damit unser Schmerz erträglich wurde. Damit sich diese mögliche »Lebensentscheidung« über männliche Bezugspersonen später nicht in Partner- und Freundschaften negativ auswirkt, muß eine »Versöhnung«, muß gefühlsmäßiges Akzeptieren der Ereignisse und des Erlebten stattfinden.

Innere Versöhnung bedeutet nicht, daß wir das, was wir als schmerzlich und falsch erfahren haben, nun für richtig halten müssen. Es bedeutet vielmehr, daß wir uns mit dem versöhnen, was immer noch weh tut, und *unser eigenes Herz* von der Last der Vergangenheit befreien. Wollen wir Harmonie und Ganzheit erleben, müssen wir die abgelehnten Persönlichkeitsanteile in uns annehmen und integrieren.

Mit Hilfe des *inneren Dialoges* und *bewußt geführter Selbstgespräche mit Affirmationen* läßt sich Kontakt mit den früheren Ereignissen herstellen. Sobald wir die Sätze gefühlsmäßig in uns einsinken lassen, schaffen sie gedanklich und energetisch die Verbindung zu den abgelehnten Seiten in uns, die dann aus der heutigen Erwachsenensicht angenommen werden können. Wenn Sie zum Beispiel affirmieren »Ich bin liebenswert«, können Sie sich fragen und erspüren, ob Sie diese Behauptung vollständig oder teilweise oder überhaupt nicht annehmen können. Was finden Sie liebenswert und was nicht?

Durch ein liebevolles inneres Gespräch mit sich selbst, ein Hinschauen und Annehmen der abgelehnten primären Bedürfnisse und Sehnsüchte schaffen wir in uns eine völlig neue Realität und ein neues Lebensgefühl. Dies wird nicht immer ganz einfach sein, aber auf jeden von uns warten Freiheit und Ganzheit.

# Affirmationspraxis I

## Was Affirmationen sind

*»Der Geist ist alles; was du denkst, das wirst du.«*
Buddha

Das Wort *affirmieren* bedeutet soviel wie *zustimmen, bejahen, bekräftigen* und *bestätigen.*

Affirmationen sind …

- energetische Impulse, kreative Energie- und Schwingungsmuster,
- schöpferische und lebensbejahende Gedanken und Aussagen,
- Impulse, die dem Unterbewußtsein eine Idee über das Ziel geben,
- eine Möglichkeit, dem Verstand zu sagen, womit er sich beschäftigen soll,
- Energien, die die Tendenz haben, sich zu realisieren,
- eine Möglichkeit, negative Glaubensstrukturen und Gedankenmuster sichtbar zu machen und diesen mit neuem Verständnis und größerer Klarheit zu begegnen,
- eine Chance, Zusammenhänge zu verstehen und den Blickwinkel zu verändern,

- eine Hilfe, das Leben so anzunehmen, wie es ist,
- gedankliche Angebote für das Unterbewußtsein, überholte und einschränkende Vorstellungen zu neutralisieren,
- keine netten positiven Sprüche, um Negatives mit einer Zuckerglasur zu überziehen oder zu verdrängen,
- keine »Weichzeichner«, um die Welt durch eine rosarote Brille zu betrachten,
- keine Neukonditionierungen, d.h. kein Einreden einer heilen Welt und
- keine Dogmen, fanatischen oder religiösen Glaubensbekenntnisse.

## *Wie Sie für sich aktuelle Affirmationen finden können*

- *Lesen Sie die nachfolgenden Kurzbeschreibungen und Affirmationen einmal vollständig durch.* Wählen Sie die für Sie zutreffenden Affirmationen aus. Sie sollten sich wirklich gut für Sie »anfühlen«. Um Sie und Ihr Unterbewußtsein nicht zu verwirren und zu überfordern, wählen Sie für den Anfang bitte nicht mehr als sieben Affirmationen aus. Bleiben Sie bei einem Thema, z.B. Kommunikation und Beziehung oder Körper und Gesundheit.
- *Betrachten Sie Ihre momentane Lebenssituation,* indem Sie nachfolgende Fragen beantworten und Listen erstellen.

1. Was finde ich in meinen Leben nicht gut? (Gesundheit und Körper, kreativer Selbstausdruck und persönliches Wachstum, beruflicher Erfolg und Lebensstil, Hobby und Reisen usw.)

2. Was mag ich an mir nicht?
3. Was sind meine negativsten Gedanken über mich selbst?
4. Was wollte ich immer schon einmal in meinem Leben tun, aber es fehlte mir bisher der Mut dafür?
5. Meine zehn wichtigsten Ziele?
6. Meine Ziele für die nächsten zwei Jahre?

Vervollständigen Sie folgende Sätze:
1. Ich muß kämpfen, weil …
2. Der Grund, warum ich nicht bekomme, was ich haben möchte, ist …
3. Ich verdiene … nicht, weil …

– *Sprechen Sie mit guten Freunden* oder Ihrem Partner über Ihre Lebensproblematik. Fragen Sie sie, wie sie Sie sehen und was Sie ihrer Meinung nach an sich ändern sollten. Wählen Sie aus diesen Informationen das aus, was für Sie wichtig und wahr ist. Manchmal verdient das, wogegen Sie sich am stärksten wehren und wovon Sie glauben, daß es nichts mit Ihnen zu tun habe, Ihre besondere Beachtung und Aufmerksamkeit.

– *Befragen Sie Ihre Intuition.* Intuition hat nichts mit dem Gedächtnis zu tun. Wo liegt der Unterschied? Wenn Sie um 9 Uhr morgens von einer Freundin angerufen werden – sie hatten am Tag zuvor diese Zeit verabredet – und Sie erinnern sich an die Abmachung, dann ist das eine Leistung Ihres Gedächtnisses. Wissen Sie hingegen, wer anruft, ohne mit jemandem abgemacht zu haben, dann ist das Intuition. Je ausgebildeter Ihre Intuition ist, desto leichter werden Sie die richtigen Affirmationen finden.

– *Fragen Sie Ihr Herz.* Wie Sie sich sicherlich denken können, spreche ich nicht vom Herzen als Organ, sondern von Liebe und Weisheit. Machen Sie Ihr Herz zu einem weisen Ratgeber. Wo der Verstand bei einem Streit nicht nachgeben, sondern recht haben will, ist das Herz viel früher bereit, Frieden und Kompromisse zu schließen. Haben Sie dies auch schon erfahren? Schließen Sie Ihre Augen, und nehmen Sie Kontakt mit Ihrem Herzen auf. Warten Sie ab, bis die richtige Affirmation als Bild und Satz in Ihnen auftaucht. Dies gilt auch, wenn Sie bereits eine Affirmation gefunden haben, aber sich mit ihr noch etwas unsicher fühlen. Fragen Sie Ihr Herz, und Sie werden eine »Gefühlsantwort« erhalten. Versuchen Sie es!

*»Damit das Mögliche entsteht, muß immer wieder das Unmögliche versucht werden.«*
Hermann Hesse

## *Wie Sie für sich Affirmationen entwickeln können*

In diesem Kapitel zeige ich Ihnen, wie Sie Affirmationen entwickeln können und worauf Sie achten sollten.

- Formulieren Sie Affirmationen präzise, ehrlich und in der Gegenwartsform. »Ich *bin* eine Freude für mich und andere.«

- Halten Sie die Affirmation so kurz als möglich. Bilden Sie kurze Sätze! Vier Beispiele:
  Ich mag mich. Ich bin gut genug. Gott ist bei mir. Ich bin entspannt.

- Formulieren Sie die ganze Affirmation positiv. (Machen Sie nur dann eine Ausnahme, wenn Sie in Ihrer Umgangssprache viele »Negativwörter« benutzen.) Grundsätzlich gilt: Bekräftigen Sie das, was Sie möchten, und nicht das, was Sie nicht möchten.

- Verwenden Sie Worte in Ihrer Umgangssprache, und vermeiden Sie »gekünstelte« Redewendungen. Wenn Sie in Ihrer Kindheit eine andere Sprache gesprochen haben, dann formulieren Sie die Affirmationen in dieser Sprache. Perspektiven sind leichter zu verändern, wenn sie in der Sprache angesprochen werden, in der sie »aufgezeichnet« wurden.

- Vermeiden Sie Affirmationen, die eine negative Haltung in eine positive umwandeln, etwa: »Ich wandle meinen *Egoismus* in wahre Nächstenliebe.« Das Wort Egoismus wird nämlich ebenfalls affirmiert und bekräftigt.

- Vergewissern Sie sich, daß Ihre Affirmationen keine Wortspiele und Doppeldeutigkeiten enthalten, die Sie und Ihr Unterbewußtsein falsch und negativ interpretieren könnten. Verwenden Sie klare und verständliche Aussagen!

## *Die sieben wirkungsvollsten Affirmationstechniken*

Es gibt verschiedene Möglichkeiten, Affirmationen auf bewußte und positive Weise einzusetzen. Ich werde Ihnen die wichtigsten und effektivsten Affirmationstechniken vorstellen und diese anhand einiger Beispiele erläutern.

### *1. Sprechen und Hören*

Lesen Sie Ihre Affirmationen laut, und spüren Sie deren Wirkung. Lassen Sie das Gelesene, den Ton, die Schwingung tief in sich »nach- und ausklingen«. Rezitieren Sie Ihre Affirmation wie ein Vortragsredner vor einem großen Publikum.

Eine andere Möglichkeit, sich an sein Ziel erinnern zu lassen, ist die folgende: Schreiben Sie Affirmationen auf kleine Kärtchen, und plazieren Sie sie an gut sichtbare

Orte (Spiegel, Schreibtisch, Türen, Auto, Geldbörse, Brieftasche usw.).*

Sich Affirmationen anzuhören ist die einfachste und beliebteste Form. Kreieren Sie sich Ihre eigene Affirmationskassette: Sprechen Sie Ihre Affirmationen auf eine »Endloskassette« (diese wiederholt sich so lange, bis sie wieder abgestellt wird), und unterlegen Sie diese mit entspannender Musik. Eine Musik mit sechzig Taktschlägen ist ideal, weil dies dem natürlichen Rhythmus des Herzens entspricht. Für das Unterbewußtsein eignen sich Affirmationen am besten, die etwa vier Sekunden dauern und von einer gleich langen Pause unterbrochen werden. Endloskassetten können auch während des Schlafes abgespielt werden. Der Text wirkt dann hypnotisch, weil er unter Umgehung des analytischen Verstandes im Unterbewußtsein aufgezeichnet wird.

### *2. Affirmationen aufschreiben*

Eine weitere anerkannte Methode besteht darin, durch Schreiben von Affirmationen die eigenen »negativen« Gedanken sichtbar zu machen und auf diese Weise kennenzulernen. Es ist sehr hilfreich, sich selbst in der Affirmation zu benennen: »Ich, Hans-Peter …« Nehmen Sie dazu ein Blatt Papier, und schreiben Sie auf die linke Seite die Affirmation und auf die rechte Seite die inneren Antworten und Einwände auf. Verwenden Sie den Namen, mit dem Sie als Kind gerufen wurden.

| *Affirmation* | *Antwort des alten Programms* |
| --- | --- |
| Ich, Anna, bin frei | Meine Gefühle hindern mich daran |
| Ich, Anna, bin frei | Ich muß arbeiten |
| Ich, Anna, bin frei | Manchmal schon … |
| Ich, Anna, bin frei | Wenn ich ganz ehrlich bin, stimmt das auch … |

* Hinweis: Ich habe ein Kartenset mit 40 verschiedenen Affirmationen zu den Bachblüten zusammengestellt. Es ist im Oesch Verlag erschienen (siehe Anhang).

Mit dieser Technik können Sie einerseits Ihre eigenen Widerstände und Hindernisse erkennen. Andererseits können Sie sofort sehen, welche Gedanken Sie davon abhalten, das zu sein, zu tun oder zu haben, was Sie mit der neuen Affirmation erreichen wollen. Diese Technik wirkt wie eine »Mini-Analyse«. Und je bewußter uns diese verborgenen Denkstrukturen sind, desto leichter können sie verwandelt werden. Es ist ein Weg zu mehr Klarheit und zu einem größeren Selbstverständnis.

### *3. Die Antwortmethode in der »Du-Form«*

Wir haben die meisten Informationen in der *Du-Form* erhalten. (»Du bist ...« und »Du kannst ...« und »Du willst immer ...«.) Deshalb neigen wir dazu, das, was Freunde und Bekannte sagen, *als wahr* anzunehmen, egal ob es sich um positive oder negative Aussagen handelt. Wir sind das von unserer Kindheit her so gewohnt. Deshalb ist die »Du-Form« in der Antwortmethode auf Kärtchen und Kassetten sehr wirkungsvoll. Fügen Sie Ihren Vornamen der Affirmation bei, wie Sie es schon in der »Ich-Form« praktiziert haben.

*Einige Affirmationsbeispiele*

Du, Anna, kannst jetzt sagen, was du denkst und fühlst
Du, Anna, fühlst dich sicher und geborgen
Du, Anna, bist liebenswert
Du, Anna, bist frei
Du, Anna, kannst frei über dein Leben entscheiden

### *4. Visualisieren*

Visualisieren ist eine Technik, bei der Sie mit Ihrer Vorstellungskraft Bilder von Situationen erschaffen, die Sie sich in Ihrem Leben wünschen. Tatsache ist, daß wir diese Technik fast ständig anwenden. Denn bevor sich die Dinge materiell manifestieren, brauchen wir eine Idee oder eine

Vision. (Nur benutzen wir die geistigen Bilder meistens dazu, das zu bestätigen, was unseren bereits feststehenden Überzeugungen entspricht.) Haben Sie Ihr Ziel klar erkannt und definiert, besteht der nächste Schritt darin, ein klares Bild von ihm in Ihrem Geist zu erzeugen. Dafür brauchen Sie innere Gelassenheit und Ruhe. Schließen Sie dabei Ihre Augen! Sie sollten sich das, was Sie sich wünschen, schon als Realität, sollten sich selbst bereits im Besitz des Gewünschten sehen. Bringen Sie dabei alle Sinne ins Spiel. Die Gefühle gehören genauso dazu wie das Riechen und Schmecken. Ein Beispiel: Sehen Sie sich selbst, wie Sie ruhig, gelassen und entspannt Ihren alltäglichen Pflichten nachgehen und wie Sie Ihre Lebensenergien bewußt einteilen. Stellen Sie sich vor, wie Sie sich geborgen und sicher fühlen oder wie Sie jemandem Ihre Ängste anvertrauen. Sollten Sie eine Affirmation für mehr Ruhe und Gelassenheit gewählt haben, dann machen Sie in Ihrer Phantasie an einem herrlichen Sonnentag einen Spaziergang über eine duftende Blumenwiese. Oder legen Sie sich in einer einsamen Bucht an den Strand. (Mit diesen Bildern wurden bei vielen Asthmatikern gute Heilerfolge erzielt.) Ihrer Phantasie sind keine Grenzen gesetzt!

### *5. Energieatmen und Affirmationen*

Dies ist eine ganz besonders kraftvolle Affirmationstechnik. Die Energie, die beim Atmen erzeugt wird, kann tiefsitzende Denkblockaden sichtbar machen und verändern helfen. Wir können dann gut atmen, wenn wir entspannt sind. In der Entspannung stellt sich – wie von selbst – ein natürlicher Atemrhythmus ein.

Und so geht's:

– Legen Sie sich entspannt auf den Rücken, und schließen Sie Ihre Augen.

- Beobachten Sie eine Weile lang Ihren Atem, ohne aktiv einzugreifen.

- Atmen Sie anschließend zwanzigmal durch die Nase (entspricht etwa 70 % Ihrer Atemkapazität) gleichmäßig ein und aus. Lenken Sie Ihren Atem nicht nur in den Bauch, sondern öffnen Sie auch den Brustraum.

- Nun teilen Sie Ihre Affirmation in zwei Hälften und atmen bei der einen Hälfte ein und bei der anderen aus.

*Einige Beispiele für Affirmationen*

| *Einatemphase* | *Ausatemphase* |
|---|---|
| Ich lasse | los |
| Ich schöpfe meine Kraft | aus der Ruhe und der Stille |
| Ich lebe mehr | Sanftmut und Verständnis |
| Ich kann | es |
| Ich nehme mir | Zeit |
| Ich gebe | ohne Erwartungen |
| Ich bin | zuversichtlich |

- Wie lange Sie üben möchten, ist Ihnen überlassen. Ihre Intuition wird Ihnen sagen, wenn es genug ist! Ich bin mir sicher, daß Sie schon nach kurzer Zeit bemerken und erfahren werden, wie kraftvoll und energetisch diese Affirmationstechnik wirkt.

### *6. Die einfache Umkehrung*

Eine weitere bewährte Möglichkeit ist die einfache Umkehrung. Sie verwandeln Ihre negativen Gedanken in positive Affirmationen. Diese Umkehrtechnik können Sie besonders gut in die zuvor geschriebenen Problem- und Fragelisten einsetzen. Verwenden Sie, wenn Sie das Problem erkannt haben, die *entgegengesetzten Begriffe,* oder *lassen Sie die Verneinung weg*, denn Sie sollen ja bei Affirmationen keine Negativwörter verwenden (wie zum Beispiel: Ich *streite* mich nicht mehr; ich bin nicht mehr *wütend*; meine *depressiven Stimmungen* verschwinden).

*Einige Affirmationsbeispiele:*

| *Negativ* | *Positiv* |
|---|---|
| Ich kann nicht | Ich kann |
| Keiner versteht mich | Ich werde verstanden |
| Ich habe Angst | Ich fühle mich sicher und geborgen |
| Ich bin nicht nervös | Ich bin ruhig und gelassen |
| Meine Verspannungen nehmen täglich ab | Ich bin entspannt |
| Meine Unsicherheit verschwindet | Ich fühle mich sicher und gut |
| Ich erhole mich ganz schnell von meiner Krankheit | Mein Körper ist gesund |

### *7. Weitere einfache und wirkungsvolle Möglichkeiten, Affirmationen anzuwenden*

- Malen Sie Ihre Affirmationen auf Plakate
- Verwenden Sie Affirmationen in Ihren Gesprächen
- Erzählen Sie sie jemandem, von dem Sie sicher sind, daß er/sie zustimmen wird

## *Wie Sie gedanklichen Hindernissen begegnen können*

Wenn Sie mit Affirmationen arbeiten, zeigen sich häufig »gedankliche Hindernisse«. Mit den bekanntesten möchte ich Sie vertraut machen.

*Die häufigsten Aussagen sind:*

– *»Ich habe keine Zeit.«*
Es gibt auch dann, wenn Sie sehr beschäftigt sind, zwischendurch immer wieder Pausen und Wartezeiten. Sie warten auf die U-Bahn, auf den Zug, auf einen Kollegen, auf Ihr Essen usw. In diesen Wartezeiten haben Sie genügend Zeit, um die kleinen Kärtchen zu lesen, auf die Sie Ihre Affirmationen geschrieben haben.

*»Ich finde genug Zeit für meine Affirmationen.«*

– *»Meine Affirmationen wirken und funktionieren nicht.«*
Wenn Sie die vorhergehenden Ausführungen gelesen haben, wissen Sie die Antwort selbst.

*»Meine Affirmationen realisieren sich einfach und mühelos.«*

– *Ich kann an dieses Affirmationssystem nicht glauben.«*
Glauben bedeutet soviel wie: etwas für möglich halten, ohne dafür Beweise zu haben (sonst brauchten wir unseren Glauben ja nicht). Wenn Sie etwas für möglich halten, haben Sie sich »geöffnet« und sind breit, Neues zu entdecken und zu erfahren. Ohne Ihre Offenheit und innere Bereitschaft sind neue Erfahrungen nur schwer möglich.

*»Ich bin offen für Neues.«*

– *»Mit Affirmationen arbeiten ist schwer.«*
Überprüfen Sie noch einmal Ihre innere Einstellung; der Einwand könnte auch ein Trick Ihrer alten Programme sein, die Angst davor haben, ihren Platz räumen zu müssen. Machen Sie Affirmationen spielerisch. Glauben Sie mir, es kann wirklich Spaß machen!

*»Wenn ich spielerisch mit Affirmationen umgehe, dann wirken sie besonders gut.«*

– *»Meine Affirmationen passen nicht.«*
Denken Sie daran, daß es beim Affirmationsprozeß nicht um den *Inhalt* geht, sondern darum, den *Blickwinkel* zu

verändern. Dennoch kommt es tatsächlich vor, daß, aus noch nicht erkennbaren Gründen, Ihre Affirmation nicht das gewünschte Ergebnis bringt. Stellen Sie sich dann bitte folgende Fragen:

Habe ich etwas übersehen?
Welches Hindernis macht sich am stärksten bemerkbar?
Bin ich wirklich bereit, das Ziel zu erreichen?
Sollte ich meine Affirmation ändern? Wenn ja, wie?

*»Ich vertraue darauf, daß ich die richtigen Affirmationen habe.«*

– *»Ich kann keine passenden Affirmationen für mich entwickeln.«*

Grundsätzlich gibt es kein »richtig« oder »falsch«. Lassen Sie sich von den in diesem Buch vorgestellten Affirmationen anregen. Wählen Sie sich die schönsten und am besten passenden Affirmationen aus. Wenn es Ihnen ganz besonders schwer fällt, sprechen Sie mit jemandem, der schon etwas Erfahrung damit hat oder der Ihre »persönliche Situation« gut kennt.

*»Ich bin kreativ genug, um wunderbare Affirmationen für mich zu entwickeln.«*

– *»Es verändert sich nichts.«*

Tatsache ist, daß viel mehr im Innersten geschieht, als wir wahrnehmen. Aber manchmal brauchen die Dinge Zeit, damit sie sich entwickeln und verändern können. Erhöhen Sie Ihre Aufmerksamkeit und Wahrnehmung, dann werden Sie bald anders darüber denken. Denn an Veränderungen, die uns angenehm sind, gewöhnen wir uns schnell und schenken ihnen bald keine Beachtung mehr.

*»Gutes geschieht, und ich lasse es geschehen.«*

– *»Ich falle immer wieder in die alten Denkweisen zurück.«*

Das geschieht dann, wenn wir uns zuviel vorgenommen und die Richtung verloren haben. Hier gilt: Kleine Schritte und bescheidenere Vorsätze – dann ist die Enttäuschung und die Gefahr des Scheiterns geringer.

*»Ich bleibe auf meinem Weg«* und *»Ich komme rechtzeitig ans Ziel.«*

## *Wie Sie sich innerlich und äußerlich auf lebensbejahende Affirmationen einstellen können*

– Mit Affirmationen können Sie am effektivsten »arbeiten«, wenn Sie damit *spielerisch umgehen.* Affirmationen wirken in einem entspannten und ruhigen Zustand am besten. Denken Sie an das »Superlearning-System«, bei dem in einem tief entspannten Zustand fremde Sprachen gelernt werden. Also – bleiben Sie locker, und gehen Sie es nicht verbissen an! Wenden Sie Affirmationen regelmäßig, am besten täglich, an, bis sich das Gewünschte einstellt.

– *Die beste Zeit,* mit Affirmationen zu arbeiten, sind *die ersten Stunden des Tages.* Der Geist ist in den frühen Morgenstunden wie ein unbeschriebenes Blatt. Jeder Morgen ist wie ein frischer Neuanfang. Wenn wir vom Schlaf ins bewußte Leben zurückkehren, sind wir besonders empfänglich, offen und sensibel. In dieser Phase reagieren wir sehr stark auf die ersten Eindrücke und Gedanken. Morgens können wir die Gedanken in die beste und wünschenswerteste Richtung lenken.

– Eine weitere empfehlenswerte Zeit sind *die späten Abendstunden,* falls Sie nicht zu müde und abgespannt sind. Sicherlich kennen Sie diese Stunden, wo die Tagesaktivitäten allmählich zur Ruhe kommen. Wenn es im Haus, in der Wohnung still wird und draußen der Straßenlärm abnimmt, dann sollten Sie diese Zeit für Ihre Affirmationen nutzen.

– Machen Sie, bevor Sie mit den Affirmationen beginnen, immer *20 ruhige Atemzüge.**

– *Entspannen Sie sich* grundsätzlich *täglich 5 Minuten.* Diese 5 Minuten werden Ihnen dabei helfen, ein besseres und bewußteres Körpergefühl zu entwickeln. Lauschen, hören und fühlen Sie nach innen – Ihr Körper hat Ihnen viel zu sagen! Die Entspannungsphase und die Atemübung werden Ihnen bei Ihren Vorstellungsübungen helfen. Konzentrieren Sie sich 2–3 Minuten auf das Ziel, und stellen Sie sich bildhaft das Ergebnis vor.

– Schaffen Sie sich *Ruhe und Zeit*, und achten Sie darauf, daß Sie ungestört sind.

### *Worauf Sie in der Affirmationspraxis noch achten sollten*

– *Haben Sie Geduld* mit sich und Ihrem Vorhaben. Denken Sie daran, daß *alle* Anteile Ihres Charakters der Aufmerksamkeit und Akzeptanz bedürfen. Gehen Sie deshalb mit sich und Ihrer Entwicklung sehr liebevoll um. Manchmal entwickeln sich die Dinge schneller und manchmal langsamer – und schließlich kommt es nicht auf die Größe des Schrittes an, sondern auf die Richtung.

Wenn Sie durch Ihre Heilpraktikerin oder Ihren Arzt ein homöopathisches Mittel erhalten, dann wird sie/er Ihnen sagen, daß Sie ganz bestimmte Dinge meiden und nicht benutzen sollten, wie zum Beispiel Alkohol oder Schweinefleisch: Mein Rezept für Sie: *Lesen Sie* in dieser Zeit, so-

* Wenn Sie über bewußtes Atmen mehr wissen und erfahren wollen, dann empfehle ich Ihnen *Das kleine Atembuch* (erschienen im Oesch Verlag, Zürich) sowie *Chakra Harmonie* (siehe Anhang).

weit es Ihnen beruflich möglich ist, *keine Tageszeitungen* mit negativen Schlagzeilen. Machen Sie außerdem einen großen Bogen um Ihr Fernsehgerät; am besten ist es, Sie schalten das Gerät gar nicht ein oder wählen noch bewußter aus, was Sie sich ansehen wollen. Vermeiden Sie Streit, und gehen Sie Menschen, die einen Hang zum Negativen haben, aus dem Weg. Konzentrieren Sie sich auf Ihre Ziele. Und achten Sie besonders auf das, was Sie aussprechen. Sprechen Sie über Ihr Vorhaben nur mit Menschen, die Sie darin unterstützen.

- Wie bei jeder neuen Sache ist es auch hier gut, *mit einer kleinen Veränderung anzufangen.* Wählen Sie deshalb eine Affirmation, die in Ihren momentanen geistigen Möglichkeiten liegt. Das Erreichen dieses Zieles wird Ihr Selbstvertrauen stärken und es Ihnen ermöglichen, anspruchsvollere Ziele anzusteuern.

- *Schließen Sie Freundschaft mit Ihrem Verstand!* Ihr Verstand und Ihre Gedanken sind nicht gegen Sie gerichtet – sie wollen Ihr Bestes. Sie brauchen nur einen weisen und klugen Lehrer, der sie an der Hand nimmt und Ihnen zeigt, wo es langgeht!

- Achten Sie im Alltag darauf, *was Sie sich* von Ihren Mitmenschen und von der Welt *bestätigen lassen.* Fragen Sie sich: Dient mir das? Hilft es mir? Möchte ich das?

- *Rechnen Sie mit Hindernissen* und gefühlsmäßigen Reaktionen. Alte Konzepte haben Angst vor Neuem und möchten ebenfalls »überleben«. Innere Widerstände sind normal und brauchen Sie in keiner Weise zu beunruhigen. Suchen Sie sich, wenn Sie das Gefühl haben, überfordert zu sein, eine fachliche Begleitung.

- *Achten Sie auf das, was Sie tun und wie Sie es tun!* Überprüfen Sie immer wieder Ihr Motiv, denn alles, was wir aussenden, kommt – früher oder später – zu uns zurück. Benutzen Sie Affirmationen nicht dazu, andere zu manipulieren. Dieser »Übergriff« ist uns nicht gestattet. Sollten wir es dennoch tun, wird uns irgendwann die »unangenehme Rechnung« für unser falsches Handeln präsentiert.

– Bemühen Sie sich während der Arbeit mit Affirmationen um *eine zuversichtliche Atmosphäre.* Zweifel, Ärger und Streit lenken Sie ab und nehmen Ihnen wertvolle Energie, die Sie für Ihre Vorhaben gebrauchen könnten.

## *Affirmationen erfolgreich anwenden*

Damit Ihr Affirmationsprozeß erfolgreich wird, möchte ich an dieser Stelle für Sie die wesentlichen Punkte zusammenfassen:

– Beginnen Sie mit einem *einfachen Ziel.* Wenn Sie die ersten kleinen Schritte erfolgreich gegangen sind, können Sie mit erhöhtem Selbstvertrauen das nächst Größere ansteuern.

– *Definieren Sie exakt*, was Sie erreichen möchten, und konkretisieren Sie das Ziel, indem Sie es detailliert niederschreiben. Sie werden selbst bemerken, daß es einen Unterschied macht, ob Sie es aufschreiben oder nicht.

– Kreieren Sie – mit geschlossenen Augen – immer wieder innere Bilder Ihrer Ziele, so als hätten Sie diese schon erreicht. Anders gesagt: *Denken, schreiben, fühlen und hören Sie* Ihre Affirmation so, als wäre dieser Zustand schon eingetreten.

– Entscheiden Sie bei jedem Ziel oder jeder Affirmation, was Sie zu geben und *zu tun bereit sind,* um Ihr Ziel zu erreichen.

- *Konzentrieren Sie* sich täglich mit den Vorbereitungsübungen *auf Ihr Ziel.* Damit sagen Sie jeden Tag »ja« zu Ihrem Ziel und Wunsch. Ihre Ausdauer und Ihr Durchhaltevermögen sind die wichtigsten Voraussetzungen für den Erfolg.

- Suchen Sie immer wieder den *Kontakt zu Ihren Gefühlen.* In Gefühlen und Emotionen steckt Energie, die viel bewegen kann. Einem rein mechanischen Lesen und Vor-sich-her-Sagen fehlt die Kraft zur Realisierung.

- *Praktizieren Sie Ihre Affirmationen* so lange, bis Sie Ihr Ziel erreicht haben oder es nicht mehr erreichen möchten. Es kommt auch vor, daß das, was Ihnen einst so wichtig erschien, während dieses Prozesses an Bedeutung verliert. Seien Sie flexibel genug, Ihre Richtung zu ändern. Wenn es nötig ist, machen Sie Umwege oder kleinere Schritte, um das Ziel zu erreichen.

- *Überprüfen Sie* »gefühlsmäßig« von Zeit zu Zeit *das Gewünschte*, und stellen Sie fest, ob Sie damit auf dem richtigen Weg sind.

- Denken Sie daran, daß *Sie nicht versagen können.* Sie werden auf jeden Fall aus den Erfahrungen lernen und profitieren.

- *Belohnen Sie sich* für Ihre kleinen und großen Erfolge, indem Sie sich etwas Besonderes gönnen. Belohnung ist sehr wichtig! Schenken Sie sich etwas, oder gönnen Sie sich bei Ihrem Masseur ein paar entspannende Stunden.

- *Genießen Sie das Erreichte!* Genießen Sie es vollständig! Baden Sie in dem Erreichten!

- *Haben Sie Vertrauen* darauf, daß sich die Dinge entwickeln werden. Erzählen Sie niemandem davon! Warten Sie geduldig. Vertrauen Sie auf die Kraft der geistigen Gesetze und Ihrer Gedanken!

### *Mit »Einführungsaffirmationen« leicht beginnen*

Die in Klammern gesetzten Worte sind Beispiele bzw. Vorschläge. Sie können sie selbstverständlich durch andere, für Sie wichtigere ersetzen. Vervollständigen Sie die nachfolgenden Sätze.

Ich bin zufrieden und glücklich mit meinem Leben, weil …

Ich bin dankbar für mein Leben, …
Ich bin dankbar für die Menschen, die mich lieben.
Ich bin dankbar für …
Ich achte und akzeptiere mich, wie ich bin.
Ich liebe es, mit Affirmationen zu arbeiten.
Ich mag mich.
Ich liebe mich, ob ich nun erfolgreich bin oder nicht.
Ich bin unter allen Umständen liebenswert.
Dieser Augenblick ist genau der richtige Zeitpunkt für … (eine wunderbare, natürliche Verwandlung).
Ich bin in der Lage, um … (für mich Gutes zu wählen).
Ich habe das praktische Wissen, um … (alle meine Ziele zu verwirklichen).
Ich habe das richtige Alter, um … (das zu leben, was mir wichtig ist).
Ich habe Kraft genug, um … (Begonnenes erfolgreich abzuschließen).
Ich habe alles, um … (meine Liebe zu leben).
Es ist für mich ganz natürlich, … (meine Sichtweisen zu ändern).
Es ist leicht für mich, … (Veränderungen zuzulassen).
Ich habe genug Zeit, um … (ruhig und gelassen meinen Weg zu gehen).

Ich verdiene es, … (glücklich zu sein).
Es ist gut für mich, … (allein zu sein).
Ich verzeihe mir, …
Ich habe Ausdauer genug, …
Ich bin geistig und körperlich in der Lage, …
Ich habe genug Energie, um …
Ich bin wach genug, …
Ich bin darauf vorbereitet, …
Ich bin entschlossen, …
Ich gewinne jetzt …
Ich bin wertvoll genug, um …
Es ist in Ordnung für mich, …
Das Leben schenkt mir alles, um …
Mein Unterbewußtsein ist jetzt … (offen und aufnahmefähig für Affirmationen).
Meine Mutter freut sich über …
Mein Vater freut sich über …
Mein(e) Partner(in) freut sich über …
Gott freut sich über …
Ich freue mich, …
Ich liebe es, …

*Beech*

Rotbuche, Blutbuche

*Fagus sylvatica*

*Centaury*
Tausendgüldenkraut
*Centaurium erythraea*

*Chicory*

Wegwarte, Zichorie

*Cichorium intybus*

*Clematis*

(Weißblühende) Waldrebe

*Clematis vitalba*

*Elm*

Im Bild: Bergulme

*Ulmus glabra*

*Holly*

Stechpalme

*Ilex aquifolium*

*Honeysuckle*

Im Bild: Waldgeißblatt

*Lonicera periclymenum*

*Hornbeam*

Weißbuche, Hainbuche

*Carpinus betulus*

*Impatiens*

Im Bild: Waldspringkraut

*Impatiens noli-tangere*

Larch

Lärche

*Larix decidua*

*Oak*

Stieleiche

*Quercus robur*

*Pine*

Gemeine Kiefer, Föhre

*Pinus sylvestris*

*Rock Rose*

Sonnenröschen

*Helianthemum nummularium*

*Star of Bethlehem*

Doldiger Milchstern

*Ornithogalum umbellatum*

*Sweet Chestnut*

Eßkastanie, Edelkastanie

*Castanea sativa*

*Vine*

Weinstock, Weinrebe

*Vitis vinifera*

# Blüten und Affirmationen

Einige Worte noch – bevor Sie die Symptome- und Kurzbeschreibungen lesen.

Bitte denken Sie beim Lesen daran, daß nicht alle nachfolgenden Beschreibungen von Charakter- und Seelenzuständen auf Sie zutreffen. Jeder Mensch ist in seinen Denk- und Erfahrungsstrukturen einmalig. Wenn die nachfolgenden Beschreibungen auf Sie zutreffen, kann Sie das betroffen machen. Selbsterkenntnis – auch die Schattenbereiche möchten integriert werden – ist nicht immer angenehm. Vergessen Sie dabei nicht, daß Sie nicht bloß aus Ihren Gedanken und Gefühlen bestehen. Sie sind viel mehr. Und das, was Sie »mehr sind«, ist jenseits von Gedanken und Gefühlen.

Auf den folgenden Seiten habe ich ganz bewußt auf ausschweifende und langatmige Erklärungen verzichtet. Aus den Affirmationen ist leicht zu erschließen, welches Problem hier angegangen werden soll. Wenn zum Beispiel die Affirmation lautet: »Ich gebe ohne Erwartungen«, dann können Sie davon ausgehen, daß es sich hier um eine Situation handelt, bei der dieser Mensch nur gibt, wenn er etwas bekommt oder mit einer Gegenleistung rechnet.

Auf der linken Seite finden Sie jeweils die Kurzbeschreibung der jeweiligen Blüte sowie die Symptome im disharmonischen Energiezustand. Auf der gegenüberliegenden rechten Seite stehen die zu dieser Blüte passenden Affirmationen.

# Agrimony

## Nr. 1

Kleiner Odermennig – *Agrimonia eupatoria*

### *Kurzbeschreibung*
### *Symptome im disharmonischen Energiezustand*

Der Agrimony-Typus gibt den »Anschein« von Unbekümmertheit und Sorglosigkeit. Er verbirgt seine wahren Gefühle, Sehnsüchte und Ängste hinter einer Alles-ist-in-Ordnung-Fassade. Damit er mit seinen innersten Gefühlen und unverarbeiteten Problemen nicht in Kontakt kommen muß, sucht er äußere Ablenkung und »betäubt« sich mit Arbeit oder Alkohol. Seine Mitmenschen erleben ihn dann als unehrlich, gekünstelt, gehemmt und überempfindlich. Agrimony-Menschen erlebten in ihrer Kindheit wenig Verständnis, Akzeptanz, gefühlsmäßige Sicherheit und keinen ehrlichen, offenen und vertrauten Umgang.

### *Körperliche Symptome*

Nägelkauen, nervöse Hautausschläge, Zähneknirschen in der Nacht, Schlaflosigkeit, rheumatische Beschwerden.

### *Wahrscheinliche Programmierung / Erfahrung*

»Wenn ich mich so zeige, wie ich bin, werde ich nicht geliebt und angenommen.«

### *Anregungen*

Die Angst überwinden und offen und ehrlich zeigen, wie man ist und was man fühlt. Problemhafte Situationen annehmen lernen und in eine konstruktive Konfliktbewältigung finden.

# Affirmationen

*für Agrimony*

### *Echtheit / Selbstvertrauen*

Ich suche und finde das Gute.
Ich vertraue mich Menschen an; dies macht mich heil.
Ich lasse mir helfen und mich unterstützen.

Ich akzeptiere meine Unvollkommenheit.
Ich akzeptiere meine Schwächen und die anderer.
Ich nehme mich im Moment so an, wie ich bin.
Ich bin menschlich und lasse meine
kleinen Fehler gelten.

Ich fühle mich jetzt sicher, alle meine Gefühle anzuschauen.
Ich bin geborgen. Ich fühle mich sicher.

Ich sage jetzt, was ich denke und fühle.
Ich fühle mich sicher, meine Gefühle zu zeigen.
Ich bin authentisch. Ich bin ehrlich. Ich sage die Wahrheit.
Ich bin so, wie ich bin.

Meine Natürlichkeit macht mich schön.
In meiner Offenheit und Verletzbarkeit liegt
meine Sicherheit.

Ich stelle mich meinen Aufgaben und Lebensumständen.

# Aspen

## Nr. 2

Espe, Zitterpappel – *Populus tremula*

### *Kurzbeschreibung*
### *Symptome im disharmonischen Energiezustand*

Aspen-Menschen leiden unter unerklärlichen und undefinierbaren Ängsten. Sie haben Angst vor Dunkelheit, Magie und überirdischen Kräften.

Aspen-Menschen sind häufig abergläubisch und mißtrauisch. Sie leben in einer Unheilserwartung. Ihre »inneren Antennen« sind auf Negatives ausgerichtet. Der Grund dafür ist ihre lebendige Phantasie, mit der sie sich unwirkliche und unreale Scheinwelten schaffen. Ihre Welt, die wenig realen Bezug zur Wirklichkeit hat, macht ihnen angst. So können sie kein Vertrauen in die Welt finden und leben folglich in und mit ihren Ängsten.

### *Körperliche Symptome*

Kopfschmerzen, starkes Schwitzen während der Nachtruhe, Muskelanspannung, Wetterfühligkeit, Herzrasen.

### *Wahrscheinliche Programmierung/Erfahrung*

Erfahrungen von fehlender Geborgenheit, Hilflosigkeit und Ausgeliefertsein in der Kindheit.

### *Anregungen*

Vertrauens- und Entspannungsübungen in den Alltag integrieren. Sich nahestehenden Menschen anvertrauen und über seine Ängste sprechen. Herausfinden, wodurch das Urvertrauen verloren wurde.

# Affirmationen

*für Aspen*

### *Lebensvertrauen / Geborgenheit / Sicherheit*

Gutes kommt zu mir, weil ich Gutes erwarte.
Ich suche und finde das Schöne im Leben.
Ich sehe die positiven Dinge in meinem Leben.

Meine Sicherheit und mein Vertrauen wachsen täglich.
Ich bin gehalten und beschützt.
Ich lasse mich fallen und werde gehalten.
Gott ist bei mir. Jeder Herzschlag erinnert mich an eine göttliche Ordnung.

Voller Vertrauen gehe ich in den nächsten Augenblick.
Ich lenke meine ganze Aufmerksamkeit in die Gegenwart.

Ich fühle mich sicher in mir und der Welt.
Ich nehme voller Vertrauen Veränderungen an.
Voller Optimismus sehe ich in die Zukunft.

Ich bin versöhnt mit meinem inneren Kind.

»Angst klopfte an die Türe, Vertrauen öffnete, und niemand war draußen.«
*Chinesisches Sprichwort*

# *Beech*

## *Nr. 3*

Rotbuche, Blutbuche – *Fagus sylvatica*

### *Kurzbeschreibung*
### *Symptome im disharmonischen Energiezustand*

Beech-Menschen neigen zur Kritiksucht und sind voller Vorurteile. Der Grund dafür ist, daß sie als Kind selbst kritisiert wurden und es nie »recht machen« konnten. Sich ihre eigenen Fehler und Schwächen einzugestehen fällt ihnen schwer. Um so reizbarer, rechthaberischer und intoleranter gehen sie gegen ihre Mitmenschen vor.
Beech-Menschen erscheinen hochmütig und arrogant, dahinter verbirgt sich aber ein »ungeliebtes Kind«, das nach Verständnis und Liebe sucht. Es fehlt ihnen Mitgefühl und Liebe; beides wurde ihnen vermutlich in der Kindheit vorenthalten.

### *Körperliche Symptome*

Flache Atmung, Verspannungen im Nacken und Brustraum, Magen- und Darmprobleme.

### *Wahrscheinliche Programmierung/Erfahrung*

»Ich kann es niemandem recht machen«
und
»Ich bin nicht gut genug« und »Bloß nicht versagen.«

### *Anregungen*

Die Fähigkeit entwickeln, Gutes sehen zu wollen.
Verstehen lernen, daß durch ständiges Kritisieren Liebe und Nähe verhindert werden.

# Affirmationen

*für Beech*

## *Toleranz/Verständnis/Liebe*

Ich bleibe bei mir. Ich sehe auch das Gute im Leben
und in meinen Mitmenschen.
Alles ist gut, so wie es ist!

Heute werde ich das, was mir begegnet, nicht beurteilen.
Ich lasse die Idee los, daß alles so sein muß, wie ich es
mir vorstelle.
Heute lasse ich alles so sein, wie es ist.
Ich genieße das Hier und Jetzt.

Ich akzeptiere die Meinungen anderer.
Jeder lebt sein Leben, so gut er kann.
Ich finde Einsicht und Verständnis für die Beweggründe
anderer.
Ich lebe Offenheit, Nachsicht, Akzeptanz, Großzügigkeit
und Toleranz.

Ich zeige Verständnis für die Unvollkommenheit und
Schwächen anderer. Ich schenke ihnen meine Liebe.
Ich verzeihe mir alles, was ich mir bisher vorgehalten habe.

Ich lenke meine Aufmerksamkeit auf das, was mir
wirklich wichtig ist.

# Centaury
## Nr. 4

Tausendgüldenkraut – *Centaurium erythraea*
*(Centaurium umbellatum)*

### *Kurzbeschreibung*
### *Symptome im disharmonischen Energiezustand*

Centaury-Menschen sind freundlich und hilfsbereit. In ihrem Übereifer und dem Wunsch, anderen zu gefallen, überschätzen sie gerne ihre persönlichen Energien und Kräfte. In ihren Meinungen und Entscheidungen sind sie unsicher, deshalb suchen sie starke Persönlichkeiten, an die sie sich anlehnen und denen sie dienen können. Sie suchen unbewußt nach Anerkennung und nach dem Gefühl, gebraucht zu werden. In ihrer Gutmütigkeit, Hilfsbereitschaft und Hingabe an eine Sache/einen Menschen lassen sie sich allzuoft zu Sklaven machen.

### *Körperliche Symptome*

Hängende Schultern, Kreislauf-, Rücken- und Wirbelsäulenprobleme.

### *Wahrscheinliche Programmierung/Erfahrung*

»Wenn ich mich besonders anstrenge, dann erhalte ich Lob und Anerkennung.« Kindererfahrung: egozentrische und rücksichtslose Erzieher.
Folge: mangelnder Eigenwille und Entscheidungsfähigkeit.

### *Anregungen*

Selbstwertgefühl verbessern; Eigenwillen dadurch entwickeln, daß sie die eigenen Wünsche und Bedürfnisse klar äußern; wahre Lebensaufgabe finden.

# Affirmationen

*für Centaury*

### *Selbstbestimmung / Selbstachtung*

Ich glaube an mich.
Ich vertraue auf mein eigenes Urteilsvermögen.

Ich denke und handle für mich selbst. Ich fühle mich sicher
mit meinen Entscheidungen.

Ich allein weiß, was für mich richtig ist.
Ich achte auf mich. Ich tue es nur für mich.
Ich sage jetzt, was ich brauche und
was mir guttut.

Ich überprüfe alle Fremdinformationen und entscheide,
ob sie gut für mich sind.

Ich befreie mich von allen äußeren Autoritäten.
Ich bin frei.
Ich bin die Quelle für mein Leben.

Ich kann jetzt »nein« sagen, ohne die Liebe der anderen
zu verlieren.

Ich ruhe in mir. Ich finde meine eigentliche Lebensaufgabe
und Bestimmung.

Ich kann jetzt mitfühlen, ohne mich in die Geschehnisse
anderer verwickeln zu lassen.

# *Cerato*

## *Nr. 5*

Bleiwurz, Hornkraut, Hornnarbe –
*Ceratostigma willmottianum*

### *Kurzbeschreibung*
### *Symptome im disharmonischen Energiezustand*

Ähnlich wie die Centaury-Menschen mißtraut der Cerato-Typus seiner eigenen Meinung. Er mißtraut seinen Gefühlen, Wahrnehmungen, Erfahrungen und seiner »inneren Stimme«. Seine tiefste Überzeugung lautet: »Die anderen wissen es sicher besser.« Er fragt andere um Rat, obwohl es klüger wäre, auf seine Intuition und sein Herz zu vertrauen. Der Grund für sein Verhalten ist in seiner Erziehung zu suchen. Seine Erzieher haben ihm zu spüren gegeben, daß er nur selten richtig handelte. Auch fand er sich sehr wenig in seinem Tun und Fühlen bestätigt. Auf der Suche nach Liebe und Wahrheit gerät er immer wieder an die Falschen.

### *Körperliche Symptome*

Blasenprobleme, Tendenz, sich klein zu machen, hängende Schultern.

### *Wahrscheinliche Programmierung/Erfahrung*

»Ich kann einfach nichts recht machen« und Fremdaussagen wie »Ich weiß, was gut für dich ist«.

### *Anregungen*

Atemtherapie, um das Urvertrauen wiederzufinden. Selber über sein Leben bestimmen und sich dabei die Erlaubnis geben, Fehler zu machen. Intuitionsschulung.

# Affirmationen

*für Cerato*

### *Selbstvertrauen / Unabhängigkeit*

Ich vertraue auf mein Denken und Fühlen.
Ich vertraue meiner Wahrnehmung.
Ich vertraue meinen Entscheidungen und Handlungen.

Ich vertrete meine eigenen Ansichten.

Meine Fähigkeit, zu entscheiden, wächst täglich.
Mein Selbstvertrauen in meine Entscheidungen wird von Tag zu Tag größer.

Ich weiß, was gut und richtig für mich ist.
Ich sorge liebevoll für mich. Ich gebe mir das, was ich wirklich brauche.
Nur ich selbst weiß, was wirklich gut für mich ist.

Ich richte mich nach meinen Wünschen und Bedürfnissen.

In jeder Frage steckt die Antwort.
Ich finde die Antwort in mir.
Ich bin still und erkenne, daß alles auch in mir ist.
Ich vertraue mir.

# Cherry Plum
## Nr. 6

Kirschpflaume – *Prunus cerasifera*

### *Kurzbeschreibung*
### *Symptome im disharmonischen Energiezustand*

Cherry-Plum-Menschen neigen zu grundlosen Überreaktionen und großer innerer Aufregung. Sie befürchten, verrückt zu werden und ihren Verstand (die Kontrolle) zu verlieren. Emotionale Phantasien und Angstideen bewirken in regelmäßigen Abständen unkontrollierte Temperamentsausbrüche und Wutanfälle. Cherry-Plum-Menschen sind in extremen Fällen suizidgefährdet, da sie den Bezug zur Realität verloren haben.

### *Körperliche Symptome*

Geschwächtes Energie- und Nervensystem, starrer Blick, Neigung zum Bettnässen.
(Hier lassen Sie Gefühle los, die Sie während des Tages nicht leben konnten.)

### *Wahrscheinliche Programmierung/Erfahrung*

Starke Unterdrückung der Gefühle und Emotionen seitens der Eltern/Erzieher. Vernunft, Disziplin und Ordnung hatte oberste Priorität.

### *Anregungen*

Autogenes Training oder/und Energie- und Entspannungsübungen. Lernen, seine innersten Gefühle auszudrücken. In Extremfällen psychologische und therapeutische Hilfe suchen – z. B. Atem- und Primärtherapie.

# Affirmationen

*für Cherry Plum*

### *Gelassenheit/Vertrauen*

Ich zeige jetzt meine wahren Gefühle und Bedürfnisse.
Ich lasse fließen, was fließen möchte.

Ich tue jetzt das, was ich immer schon einmal tun wollte.
Das Leben ist ein großes Spiel. Ich spiele mit.

Ich lebe meine Kreativität.
Ich drücke meine Gefühle aus.

Mein Selbstvertrauen und meine Selbstachtung
wachsen täglich.

Ich fühle mich sicher. Ich bin ruhig. Ich bin gelassen.
Ich bin friedvoll. Ich bin frei.
Ich entlasse jetzt alle Angstgedanken.
Sie ziehen weiter, wie Wolken am Himmel.

Verstand und Gefühle sind in Harmonie.
Ich bleibe in meiner Mitte. Ich lebe aus der Ruhe.
Ich lebe in der Stille.

Ich werde gehalten und geführt.

# Chestnut Bud

## Nr. 7

Knospe der Gemeinen Roßkastanie –
*Aesculus hippocastanum*

### *Kurzbeschreibung*
### *Symptome im disharmonischen Energiezustand*

Der Chestnut-Bud-Mensch tut sich schwer, aus seinen Erfahrungen zu lernen. Deshalb kommt er immer wieder in ähnliche Situationen und macht die gleichen Fehler. Die Gründe dafür sind einerseits in der selbstbezogenen und gefühlsbetonten Grundhaltung, andererseits in der ständigen Suche nach neuen Eindrücken zu sehen. Chestnut-Bud-Menschen sind fast ständig in Eile; dadurch wirken sie unaufmerksam, abwesend und interessenlos. Sie nehmen sich nicht die Zeit, Erfahrungen zu integrieren, und können deshalb nicht verstehen, was in ihrer inneren und äußeren Welt vorgeht. Diese Haltung verhindert Erkenntnis- und Lernprozesse.

### *Körperliche Symptome*

Kopfschmerzen.

### *Wahrscheinliche Programmierung/Erfahrung*

»Beschäftige dich nur mit dem, was für dich nützlich ist.«
Negative schulische Lernerfahrung – Lernen wurde/wird als etwas Unangenehmes empfunden.

### *Anregungen*

Das Leben in seiner Ganzheit kennenlernen.
Die »Spezialecke« verlassen und sich für noch nicht gelebte Bereiche öffnen.

# Affirmationen

*für Chestnut Bud*

## *Achtsamkeit / Lernen / Stille*

Ich entdecke jetzt die Vielfalt des Lebens.

Ich habe Zeit. Ich nehme mir Zeit.
Die Zeit ist mein Freund.

Der nächste Augenblick ist mir wichtig.
Ich bleibe in der Gegenwart.

Aufmerksam und offen begrüße ich das, was die Existenz
für mich bereithält.
Im Hier und Jetzt ist alles, was ich brauche,
um glücklich zu sein.

Meine wache und gegenwärtige Präsenz gibt mir die Kraft
und das Wissen für das Morgen.
Ich gestalte einen Teil meines Lebens aus dem Wissen
von gestern.

Die Zeit und die Ruhe helfen mir, aus meinen und
aus den Erfahrungen anderer zu lernen.
Ich nehme mir die Zeit, meine Erfahrungen zu verstehen.

Ich suche nach Lösungen. Ich finde Lösungen.

# Chicory
## Nr. 8

Wegwarte, Zichorie – *Cichorium intybus*

### *Kurzbeschreibung*
### *Symptome im disharmonischen Energiezustand*

Chicory-Menschen sind auf der Suche nach Liebe und nach einer intensiven Gefühlsbeziehung. Sie kümmern sich aufopfernd um das Wohl ihrer Mitmenschen, aber als Gegenleistung erwarten Sie, oft unbewußt, Anerkennung, Dankbarkeit und liebevolle Zuwendung. Erhalten sie die nicht, wendet sich das Blatt. Die »fürsorglichen Helfer« wandeln sich nun zu nörglerischen, selbstsüchtigen, kleinlichen und unausstehlichen Menschen. In dieser Phase verfallen sie leicht in übertriebenes Selbstmitleid, Beleidigt-Sein, egoistische Eifersucht und fühlen sich als Opfer ihrer Umwelt.

### *Körperliche Symptome*

Verdauungsstörungen und Herzprobleme.

### *Wahrscheinliche Programmierung/Erfahrung*

Wurden schon als Kind in die Versorgerrolle hineingedrängt.
»Kümmere dich auch mal um andere.«

### *Anregungen*

Herz- und Lichtmeditationen.
Zur Erkenntnis kommen, daß wahre Liebe eine Herzensangelegenheit und nicht »käuflich« ist.
Wahre Liebe für andere und sich selbst finden.
Verstehen lernen, daß Liebe nicht durch Selbstaufopferung und Psychoterror erzwungen werden kann.

# Affirmationen

*für Chicory*

## *Großzügigkeit / Hingebungsvolle Liebe*

Ich mag mich. Ich liebe mich und andere.
Leicht und mühelos erhalte ich Aufmerksamkeit und
Zuwendung.
Ich muß nichts Besonders tun, um geliebt zu werden.
Liebe ist ein Geschenk; sie kann nicht verdient werden.
Ich werde um meiner selbst willen geliebt.

Ich lasse andere für sich selbst wählen.
Andere können für sich selbst sorgen.
Andere wissen, was gut für sie ist.

Ich lebe Vertrauen, Hingabe und Nächstenliebe.
Ich suche und finde die Liebe.

Ich gebe freizügig.
Ich kann auch allein glücklich sein.
Ich bin frei.

Alles ist im Überfluß für mich da.
Ich bin offen für das, was das Leben für mich bereithält.

# Clematis

## Nr. 9

(Weißblühende) Waldrebe – *Clematis vitalba*

### *Kurzbeschreibung*
### *Symptome im disharmonischen Energiezustand*

Clematis-Menschen sind Tagträumer und leben am liebsten in ihrer Traumwelt. Für das reale Leben haben sie kein besonderes Interesse. Sie sind abwesend und nehmen die alltäglichen Dinge nicht wahr. Sie sehnen sich nach einer besseren und glücklicheren Zeit, die sie sich im Morgen erhoffen. Bei Schwierigkeiten und Überlastung ziehen sie sich in ihre Phantasiewelt zurück. Sie fliehen in Bücher und Filme. Eine überwiegend sentimentale und gefühlsmäßige Orientierung schafft ein labiles inneres Gleichgewicht. Clematis-Menschen schlafen lange und viel. Ihre naturgegebenen und kreativen Fähigkeiten bringen sie nicht genügend zum Ausdruck, da ihnen lohnende Ziele fehlen.

### *Körperliche Symptome*

Sie fühlen sich krank, ohne wirklich krank zu sein; Kreislaufschwäche.

### *Wahrscheinliche Programmierung/Erfahrung*

Schutzhaltung. Weigerung, sich auf diese Lebensform/Schwingungsfrequenz einzulassen. Grund: Frühe negative Erfahrungen.

### *Anregungen*

Kreative Fähigkeiten umsetzen. Kraft finden, um ins Hier und Jetzt zu finden (z. B. durch Atem- und Wahrnehmungsschulung).

# Affirmationen

*für Clematis*

## *Vertrauen / Wachheit / Realitätsbewußtsein*

Ich vertraue dem Leben.
Ich entdecke jetzt die Fülle des Augenblicks.
Ich genieße das, was das Leben für mich bereithält.

Das Hier und Jetzt ist einfach wunderbar.
Ich bleibe mit meiner ganzen Aufmerksamkeit
in der Gegenwart.

Alles, was ich brauche, ist im Hier und Jetzt.

Wach und frisch beginne ich diesen Tag.
Jeder Tag ist einmalig.

Ich bringe meine ganze Phantasie und Kreativität
zum Ausdruck; dadurch eröffnet sich mir ein schönes,
interessantes und erfülltes Leben.

Meine Vorhaben und Ziele realisiere ich erfolgreich.
Das, was ich tun kann, tue ich sofort.

Das wirkliche Leben ist viel interessanter als meine Träume.
Ich bin offen für meine innersten Gefühle.

Ich stehe mit beiden Beinen fest in Leben.

# Crab Apple

## Nr. 10

Holzapfel, Wildapfel – *Malus sylvestris*
*(Malus pumila)*

### *Kurzbeschreibung*
### *Symptome im disharmonischen Energiezustand*

Crab-Apple-Menschen haben idealisierte Vorstellungen von Sauberkeit und Ordnung und sehr hohe Ansprüche an ihre innere und äußere Welt. Ist sie nicht so vollkommen, wie sie es sich wünschen, fühlen sie sich beschmutzt, unrein und unzulänglich. Sie unterliegen dann einem zwanghaften Reinigungsbedürfnis und verlieren sich dabei gerne im Kleinkram. Crab-Apple-Menschen verabscheuen Kleintiere und Bakterien, hier vermuten sie Ansteckungen durch Krankheitserreger. Der Grund für dieses Verhalten ist in einem früheren rigorosen Sauberkeitstraining und einer zwanghaften »Reinheitsmoral« zu sehen.

### *Körperliche Symptome*

Asthma, Neigung zu Erkältungskrankheiten, Allergien und Hautprobleme, Nagelbettentzündungen.

### *Wahrscheinliche Programmierung/Erfahrung*

Dominante Autoritätspersonen, die Gehorsam, Ordnung, moralische Prinzipien, äußerliche Sauberkeit, Anpassung, Unterordnung unter ihre Normen und Vorstellungen verlangten.

### *Anregungen*

Eigene Wertvorstellungen definieren und selbst für seine eigenen Bedürfnisse sorgen.

# Affirmationen

*für Crab Apple*

### *Selbstbestimmung/Selbstakzeptanz*

Ich lausche nach innen und erkenne, was wichtig ist.
Ich schaue nach dem, was wesentlich ist.
Ich allein weiß, was gut und richtig für mich ist.
Ich wähle selbst, was richtig für mich ist.
Ich wähle für mich.

Ich überprüfe meine Meinungen und Vorstellungen darauf,
ob sie noch Gültigkeit für mich haben.
Ich orientiere mich jetzt nach meinen Vorstellungen
und Bedürfnissen.
Ich selbst bin die Quelle für mein Leben.

Ich bin großzügig mit den Kleinigkeiten des Lebens.
Ich bin großzügig mit meinen vermeintlichen Schwächen.
Ich muß nicht perfekt sein, um glücklich zu sein.

Ich mag meinen Körper.
Ich mag meine Empfindungen und Gefühle.
Ich mag mich so, wie ich im Moment bin.
Ich mag meine Sinnlichkeit.

Die Welt ist für mich sicher und freundlich.
Ich bin wach und entspanne mich.

# Elm

## Nr. 11

(Englische) Ulme, Rüster – *Ulmus procera*

### *Kurzbeschreibung*
### *Symptome im disharmonischen Energiezustand*

Elm-Menschen sind überdurchschnittlich kraftvoll, aktiv und leistungsfähig. In ihrem unkontrollierten Ehrgeiz und Tatendrang überschätzen sie aber oft ihre Kräfte, so daß sie häufig an den Punkt kommen, wo sie sich ihrer Verantwortung nicht mehr gewachsen fühlen. Sie schöpfen häufig intensiv aus ihren Kraftreserven und fühlen sich dann von ihren Aufgaben und Pflichten, die sie selbst gewählt und freiwillig übernommen haben, überfordert. Dann ist ihnen alles zuviel, vor allem psychisch. Wenn Elm-Menschen ihren Aktivitäten nicht nachkommen können, leidet ihr Selbstwertgefühl. Es zeigen sich Ängste und die Unsicherheit, daß sie auf der Strecke bleiben könnten.

### *Körperliche Symptome*

Magen- und Verdauungsbeschwerden, Kraftlosigkeit und Erschöpfung.

### *Wahrscheinliche Programmierung/Erfahrung*

»Nur wer sich richtig anstrengt, kann es schaffen« und »Laß dich nicht hängen und halte durch.«

### *Anregungen*

Realistische Arbeitspläne erstellen, Pausen einplanen; Autogenes Training, Yoga, bewußte Atemschulung. Von Hermann Hesse »Die Kunst des Müßigganges« lesen (TB Suhrkamp 100).

# Affirmationen

*für Elm*

## *Vitalität / Selbsteinschätzung und -vertrauen*

Ich erkenne meine körperlichen und geistigen Grenzen.
Ich handle danach.
Meine Aktivität und Passivität sind ausgewogen.
Ich schenke mir genügend erholsame Stunden.

Alles verwirklicht sich zur rechten Zeit.
Die Zeit ist mein Freund. Ich übe mich in Geduld.

Ich bin voller Kraft, Vitalität und Leben.

Sorgfältig plane ich meine Vorhaben.
Ich erkenne meine wirklichen Aufgaben.
Ich lasse alle unwichtigen und unrealistischen Ziele los.
Ich habe meinen eigenen Rhythmus, Dinge zu erledigen.
Ich achte auf mich und erkenne meine Grenzen
und Möglichkeiten.
Im richtigen Moment erhalte ich Hilfe und Unterstützung.
Ich gönne mir Ruhe und Entspannung.

Ich vertraue darauf, daß sich alles zur rechten Zeit
verwirklicht.

# Gentian

## Nr. 12

Herbst- oder Bitterer Enzian – *Gentiana amarella*

### *Kurzbeschreibung*
### *Symptome im disharmonischen Energiezustand*

Der Gentian-Mensch reagiert mit Pessimismus, Depression, Niedergeschlagenheit und Mutlosigkeit, wenn sich die Dinge nicht so entwickeln, wie er es sich vorgestellt hat. Er ist nicht bereit, sich selbst als Teil eines Ganzen zu sehen. Mit seinen ständigen Zweifeln, seiner Willensschwäche und seinen »sich selbst erfüllenden Prophezeiungen« kreiert er sich immer wieder Rückschläge und unnötige Schwierigkeiten. Irgendwann akzeptiert und gefällt er sich in dieser Rolle des Unglücklichen und vom Pech Verfolgten.

### *Körperliche Symptome*

Energielosigkeit, Kopfschmerzen, Kreislaufprobleme.

### *Wahrscheinliche Programmierung/Erfahrung*

Erste negative Grunderfahrungen im Bereich Lernen und Schule. Fremdprogrammierung: »Du bist dumm« und »Du kapierst nichts« und »Du wirst es nie zu etwas bringen«. Selbstprogrammierung: »Ich wußte doch, es geht wieder schief.«

### *Anregungen*

Neue Lebensziele und Inhalte finden; Lebensbejahung durch positives Denken, Probleme angehen und Lösungen suchen.

# Affirmationen

*für Gentian*

### *Lebensfreude / Optimismus / Willensstärke*

Ich sehe meine Erfolge.
Ich wähle Ziele, die ich erreichen kann.
Ich gehe kleine Schritte und realisiere kleine Ziele.
Ich genieße meine kleinen und großen Erfolge.
Alles entwickelt sich zum Besten.
Ich gehe nur noch Verpflichtungen ein, die ich erfüllen kann.

Ich erwarte Gutes. Gutes kommt zu mir.

Ich bin die Quelle meiner Gedanken.
Ich bin die Quelle meiner Gefühle und Empfindungen.
Ich bin die Quelle meiner Erfahrungen.
Ich lebe aus dem Herzen und erlebe Vertrauen
und Geborgenheit.
Ich schließe Frieden und spüre einen warmen Strom
in meinem Herzen.
Ich lasse los und finde Frieden und Ruhe.
Ich lasse mich von meiner Seele führen.
Jede Lebenssituation ist gleichzeitig eine Lernchance.
Ich lerne auch in diesem Moment.

Ich lebe in der Freude.

# Gorse

## Nr. 13

Stechginster – *Ulex europaeus*

### *Kurzbeschreibung*
### *Symptome im disharmonischen Energiezustand*

Gorse-Menschen erleben sich in einer großen Hilf- und Hoffnungslosigkeit. Ihre Verzweiflung ist mitunter so groß, daß sie keinen Ausweg aus ihrer momentanen Lebenssituation sehen können. Sie haben sich aufgegeben und sind nicht mehr bereit, sich aus dieser Situation herauszukämpfen.

Ihrer Ansicht nach hat alles keinen Sinn mehr. In diesem Zustand reagieren sie apathisch und geistesabwesend. Es fällt ihnen schwer, am normalen Leben teilzunehmen. Häufig ist dieser Zustand der Beginn einer endogenen Depression. So warten sie darauf, daß Hilfe von außen kommt, aber es fällt ihnen nicht leicht, diese anzunehmen.

### *Körperliche Symptome*

Blasse Hautfarbe, Kraftlosigkeit, manchmal dunkle Ringe unter den Augen.

### *Wahrscheinliche Programmierung/Erfahrung*

»Das Leben ist ein einziger Kampf« und
»Es wird sowieso nichts mehr« und
»Ich mag nicht mehr«.

### *Anregungen*

Bodywork (Energie- und Atemübungen), Atemtherapie, Hilfe annehmen und immer wieder an sich arbeiten.

# Affirmationen

*für Gorse*

### *Neubeginn / Vertrauen / Zuversicht / Hoffnung*

Ich bin zuversichtlich.
Ich weiß: Nach Regentagen kommen Sonnentage.

Heilung geschieht – auch in diesem Augenblick.
Ich gehe ins Licht; was immer ich auch tue und denke.

Gutes geschieht, weil ich Gutes erwarte.
Ich lasse mich führen, damit Gutes geschehen kann.

Ich öffne die Fenster und Türen und lasse das Leben herein.
Ich vertraue meinem inneren Führer.
Ich vertraue auf Gott. Er ist immer bei mir.
Jeder Tag bringt etwas Neues. Das ist gut so!

Die Vergangenheit ist vorbei.
Ich lenke meine ganze Aufmerksamkeit in die Gegenwart.

Ich bin frei.
Ich bin frei von …

Mit Zuversicht beginne ich diesen Tag.

# Heather

## Nr. 14

Besenheide, Heidekraut – *Calluna vulgaris*

### *Kurzbeschreibung*
### *Symptome im disharmonischen Energiezustand*

Heather-Menschen brauchen Publikum und haben ein sehr starkes Geltungs- und Mitteilungsbedürfnis. Sie suchen Menschen, die ihnen ihre ganze Aufmerksamkeit geben. Ihr Verlangen danach ist so groß, daß sie andere mit ihren Reden völlig vereinnahmen. Für ihre Mitmenschen ist dies zuweilen mehr als anstrengend. Gleichzeitig ziehen sie diese mit ihren Krankheiten, Unpäßlichkeiten und Gefühlsübertreibungen immer wieder in ihren Bann.

Heather-Menschen sind ständig und auf der Suche nach Verständnis, Bestätigung und gefühlvoller Zuwendung, die sie vermutlich in der Kindheit vermißt haben. Dieser Mangel läßt sich aber durch übertriebene Selbstdarstellung nicht ausgleichen.

### *Körperliche Symptome*

Nervosität, Ruhelosigkeit, Verspannungen, Husten.

### *Wahrscheinliche Programmierung/Erfahrung*

Schon als Kind in einer Konkurrenzsituation. Umgeben von Eitlen, Neidern und Machtbesessenen.

### *Anregungen*

Psychologisches Aufarbeiten und Erkennen der sozialen Grundstrukturen und Wesenszüge.
Hilfsbedürftigen Menschen helfen und Abstand von der eigenen Problematik gewinnen.

# Affirmationen

*für Heather*

### *Selbsterkenntnis / Gelassenheit*

Ich bin in meiner Mitte.
Ich bekomme Ruhe.
Ich bin einmalig und somit nicht vergleichbar mit anderen.
Gott liebt mich. Ich werde gehalten.
Ich bin frei von der Zuwendung und Anerkennung anderer.
Ich bin mir selbst genug.

Ich genieße es, allein zu sein.
Ich genieße meine Unabhängigkeit.

Einfach und mühelos erhalte ich alles, was ein reiches
Universum für mich bereithält.
Freimütig schenke ich anderen meine ganze Aufmerksamkeit
und Liebe.

Ich genieße es, zu geben.
Ich genieße es, zu nehmen – ohne zu fordern.
Ich gebe mir selbst alles, was ich brauche und wonach ich
mich sehne.
Ich gebe anderen, was sie brauchen und wonach sie
sich sehnen.

Ich lebe und genieße.

# *Holly*

## *Nr. 15*

Stechpalme – *Ilex aquifolium*

### *Kurzbeschreibung Symptome im disharmonischen Energiezustand*

Holly-Menschen sind in der Kindheit von ihren Erziehern häufig in ihrer Selbstbehauptung und Verteidigungsbereitschaft beschnitten worden. Selbstbehauptung und Verteidigungsbereitschaft sind aber für die Selbstverwirklichung von wesentlicher Bedeutung. Denn um sich auszudehnen und um Raum zu gewinnen, brauchen auch sie eine gewisse Energie und Durchsetzungskraft. Durch die Unterdrückung kam der Holly-Mensch selten in die Situation, in der er lernen konnte, mit dem Thema Aggression angemessen umzugehen. Alles, was unterdrückt wird, kommt unkontrolliert zum Vorschein. Dies ist auch die Erklärung für die aggressiven und überzogenen Reaktionen des Holly-Menschen. Zu seinen typischen Merkmalen gehören auch Neid, Eifersucht, Haß und Mißtrauen.

### *Körperliche Symptome*

Niedergeschlagenheit und Herzprobleme, Störungen im Verdauungstrakt und in der Galle, allergische Reaktionen und starke Entzündungen.

### *Wahrscheinliche Programmierung/Erfahrung*

»Sei nicht so laut« und »Mußt du denn so wild sein.«

### *Anregungen*

Bewußte Auseinandersetzung mit dem Thema Aggression und Gewalt.

# Affirmationen

*für Holly*

## *Selbstbewußtsein / Universelle Liebe*

Ich zeige mich so, wie ich wirklich bin.
Ruhig, klug und weise lebe ich das, was gut für mich ist.

Ich reagiere angemessen, ruhig und gelassen.
Ich fühle mich sicher.

Ich lebe Sanftmut, Vertrauen, Großzügigkeit, Verständnis
und Liebe.

In der Ruhe liegt die Kraft, mich zu entfalten.
Ich bringe alle Gefühle zum Ausdruck.

Ich zeige mich, wie ich wirklich bin.
Ich lebe ein Miteinander.

Ich entdecke jetzt meine liebe- und verständnisvollen Seiten
und bringe sie zum Ausdruck.

Mein Leben ist voller wunderbarer Begegnungen.

Ich öffne mein Herz für die Liebe.

# Honeysuckle
## Nr. 16

Geißblatt, Heckenkirsche, Jelängerjelieber –
*Lonicera caprifolium*

### *Kurzbeschreibung*
### *Symptome im disharmonischen Energiezustand*

Honeysuckle-Menschen sehnen sich nach der »guten alten Zeit« zurück. Dafür gibt es vier Gründe: 1. Sie sind der Ansicht, früher sei alles besser gewesen. 2. Sie klammern sich gedanklich an ein bestimmtes Erlebnis (Heirat, Erfolge im Beruf) und sind überzeugt, das sei das Höchste gewesen, was sie in ihrem Leben erleben durften. 3. Es fehlt ihnen die Einsicht, daß das Leben einem ständigen Wandel und einer Veränderung unterworfen ist. 4. Die empfindsamen Honeysuckle-Menschen mußten zu schnell ihr beschützendes Schneckenhaus/ihre heile Welt verlassen. So leben sie in der Vergangenheit und verbauen sich die Erfahrung der wunderbaren Hier-und-Jetzt-Augenblicke.
Es zeigt sich häufig ein fehlender Realitätssinn
und eine nostalgische Lebenshaltung.

### *Körperliche Symptome*

Probleme mit dem Bindegewebe und dem Gewicht.

### *Wahrscheinliche Programmierung/Erfahrung*

»Die Welt ist grausam« und »Das Leben ist ein einziger Kampf«; sich schutzlos fühlen.

### *Anregungen*

Hilfe suchen, Vergangenheitsbearbeitung und Trauerarbeit.
Erkennen, daß es auch in der Vergangenheit Licht- und Schattenseiten gab.

# Affirmationen

*für Honeysuckle*

***Vergangenes loslassen / Gegenwart leben***

Ich nehme Abschied von der Vergangenheit.
Ich nehme Abschied von schmerzlichen Erfahrungen.

Heute ist ein guter Tag, um Neues kennenzulernen.
Ich öffne mich der Gegenwart und erwarte Gutes.
Ich bin offen für diesen Augenblick.

Ich lebe das, was das Leben für mich bereithält.
Ich bleibe im lebensspendenden Hier und Jetzt.

Das Leben schenkt mir Schutz und Sicherheit.
… gibt mir Schutz und Geborgenheit.
Es gibt nur diesen Augenblick.

Ich bin versöhnt mit dem Augenblick.
Ich bin versöhnt mit der Vergangenheit.

Dieser Tag gibt mir alles, was ich brauche,
um glücklich zu sein.

Alles ist in Bewegung. Alles ist im Wandel.
Alles ist im Fluß. Ich fließe mit.
Es ist gut, wie es ist.

# *Hornbeam*

## *Nr. 17*

Weißbuche, Hainbuche – *Carpinus betulus*

### *Kurzbeschreibung*
### *Symptome im disharmonischen Energiezustand*

Hornbeam-Menschen fühlen sich erschöpft und müde. Der Grund dafür ist, daß sie ihre Gedanken- und Mentalebene zu stark beanspruchen. Sie überlasten den Kopf und verlieren dadurch ihr energetisches Gleichgewicht. Sie sagen: »Es ist mir alles zuviel« und »Ich möchte meine Ruhe haben«. Dieses Ungleichgewicht ruft Pessimismus und Selbstzweifel hervor. Sie sind bestimmter Aufgaben und täglicher Pflichten überdrüssig. Der Alltag erscheint ihnen immer öfter grau in grau. Hornbeam-Menschen sollten ihre Routine unterbrechen, damit der Kopf entlastet wird.

### *Körperliche Symptome*

Müdigkeit, Ohrenpfeifen, niedriger Blutdruck, Nervosität, Leberstörungen.

### *Wahrscheinliche Programmierung/Erfahrung*

»Das Leben ist hart« und »Du schaffst es ja sowieso nicht.« Fremdkritik verbunden mit Schuldgefühlen.

### *Anregungen*

Hobbies/Abwechslung zu seiner Tätigkeit suchen. Bewegung ohne Leistungszwang (Gartenarbeit, Schwimmen, Radfahren). Harmonisierung des Stirn-Chakras. Abbau von übertriebener Selbstkritik und Perfektionsansprüchen.

# Affirmationen

*für Hornbeam*

## *Geistige Frische / Spontaneität*

Ich gönne meinem Verstand Ruhe und Erholung.
Gedanken kommen und gehen, und ich bleibe in der Mitte.

Denken und Fühlen sind in Harmonie.

Ich schenke meinem Körper mehr Aufmerksamkeit.
Bewegung und Ruhe sind in Harmonie.

Mit Freude entdeckte ich die Vielfalt des Lebens.
Täglich entdecke ich Neues.

Ich spüre jetzt neue Energien und Lebenskraft.
Ich wachse mit jeder Aufgabe.

Ich plane meine Vorhaben und habe für Projekte das richtige Augenmaß.

Ich vertraue meinen Fähigkeiten.
Mit Besonnenheit und Ruhe verwirkliche ich meine Ziele.

Alle meine Unternehmungen fördern meine positive Lebenseinstellung und mein Selbstvertrauen.

# Impatiens

## Nr. 18

Drüsentragendes Springkraut, Balsamine –
*Impatiens glandulifera*

### *Kurzbeschreibung*
### *Symptome im disharmonischen Energiezustand*

Durch sein hohes geistiges Geschwindigkeitspotential ist der Impatiens-Mensch flink im Denken und Handeln. Aber er ist sehr ungeduldig und reagiert gereizt, wenn Mitmenschen »seinem« Tempo nicht entsprechen und mithalten können. Am liebsten möchte er alles selbst machen. In seiner Ungeduld wird er ungerecht; gerne kritisiert er Menschen, die er für unbeholfen, langsam und ungeschickt hält.

Der Impatiens-Mensch ist schon in der Kindheit auf Schnelligkeit und Leistung erzogen worden; unbewußt gibt er dies weiter.

### *Körperliche Symptome*

Nacken-, Rücken- und Kieferverspannungen, Verdauungsprobleme, Konzentrations- und Schlafstörungen, Bluthochdruck.

### *Wahrscheinliche Programmierung / Erfahrung*

»Trödle nicht so lange« und »Man kann dir nicht zusehen, so langsam geht das.«

### *Anregungen*

Mit Meditation Ruhe und Gelassenheit in sein Leben bringen (Tai Chi, Zen). Verstehen, daß jeder Mensch sein eigenes »Lebenstempo« besitzt.

# Affirmationen

*für Impatiens*

### *Sanftmut/Ruhe/Gelassenheit/Akzeptanz*

Ich schöpfe meine Kraft aus der Ruhe.
In der Ruhe und Stille finde ich Kraft.

Meine Pläne und Ziele sind zeitlich abgestimmt.
Ich habe alle Zeit eines ewig Reisenden.
Ich gehe gelassen durch die Zeit.
Die Zeit ist mein Freund.

Ich finde eine Tätigkeit, in der die Zeit meine Verbündete sein kann.

Ich bestimme mein Lebenstempo und mein Arbeitstempo.

Ich bin so schnell oder langsam, wie es mir guttut.
Ich komme aus der Ruhe und bleibe in der Ruhe.

Ich lebe mehr Sanftmut, Verständnis und Geduld.

Ich akzeptiere das Anderssein meiner Mitmenschen.

Jeder geht seinen Weg – so gut er kann.

# Larch

## Nr. 19

Lärche – *Larix decidua*

### *Kurzbeschreibung*
### *Symptome im disharmonischen Energiezustand*

Dem Larch-Menschen fehlen Selbstvertrauen und ein durchschnittliches Selbstwertgefühl. Er leidet unter Minderwertigkeitsgefühlen und ist der Meinung, daß andere tüchtiger, talentierter und fähiger sind. Er ist ein Selbstzweifler und erwartet nichts Gutes vom Leben. Er hat sich innerlich auf Rück- und Fehlschläge eingestellt. Ein »innerer Bestätiger« verwirklicht diese tiefsten Überzeugungen. Falsche Bescheidenheit und antrainiertes Autoritätsdenken halten Larch-Menschen in einem Gefängnis, in dem sie ihre angeborenen Fähigkeiten und Talente nicht erproben können.

### *Körperliche Symptome*

Rücken- und Wirbelsäulenprobleme, Osteoporose.

### *Wahrscheinliche Programmierung/Erfahrung*

»Du bist und bleibst ein Versager/Tolpatsch« und »Nimm dir ein Beispiel an …« und »Was verstehst du denn schon« und »Es geht bestimmt nicht gut«.

### *Anregungen*

Wirkung der Gedankenkräfte verstehen lernen. Seine Fähigkeiten und Möglichkeiten erkennen und zum Ausdruck bringen. Therapie, die die eigene Persönlichkeit stärkt.

# Affirmationen

*für Larch*

### *Selbstvertrauen/Optimismus*

Ich kann. Ich schaffe es. Ich vertraue mir.
Ich allein weiß, was gut und richtig für mich ist.
Ich entscheide und handle.

Ich erkenne meine Möglichkeiten.
Ich nutze alle Chancen und Möglichkeiten.
Ich entfalte meine Talente und Fähigkeiten;
ich bringe sie zum Ausdruck.

Auch ich habe ein Recht, meine ganzen Talente
zum Ausdruck zu bringen. Auch ich habe ein Recht darauf,
erfolgreich zu sein.

Ich wage und gewinne!
Hindernisse sind Lernchancen. Ich nutze sie.
Mein Selbstvertrauen und Selbstwertgefühl wächst täglich.

Mit Mut und Zuversicht realisiere ich meine Pläne
und Vorhaben. Mein Vertrauen in meine Gedanken, Gefühle
und Entscheidungen wächst täglich.

In kleinen Schritten gehe ich von Erfolg zu Erfolg.

# Mimulus

## Nr. 20

Gefleckte Gauklerblume, Affenblume –
*Mimulus guttatus*

### *Kurzbeschreibung*
### *Symptome im disharmonischen Energiezustand*

Mimulus-Menschen fürchten sich vor der konkreten realen Welt. Sie haben Angst vor Tieren, Unfällen, Krankheit, Tod, Dunkelheit und vor der Zukunft (Angst, den Arbeitsplatz oder den sozialen Status zu verlieren). Sie sind sehr sensibel, empfindsam und sprechen nicht gerne über ihre Gefühle und über das, wovor sie sich fürchten.
Mimulus-Menschen meiden grobe Menschen und laute Geräusche. Sie erröten leicht und fühlen sich unsicher in Gegenwart anderer.

### *Körperliche Symptome*

Stottern, Überempfindlichkeit gegen Lärm, Schnupfen, Erkältungen, geschwächtes Immunsystem, Allergie.

### *Wahrscheinliche Programmierung/Erfahrung*

Gestörtes Urvertrauen durch fehlende Geborgenheit und Akzeptanz. »Was du schon wieder hast« und »Du bist vielleicht eine Mimose.«

### *Anregungen*

Mit Vertrauenspersonen über seine Ängste und Gefühle sprechen; selbständig entscheiden und handeln lernen; unabgeschlossene Dinge abschließen;
Mut aufbringen und durch seine Ängste »hindurchgehen«; angstbesetzte Vorstellungen und Ideen auf ihren Inhalt untersuchen.

# Affirmationen

*für Mimulus*

### *Vertrauen / Mut*

Ich bin sicher und geborgen.

Ich vertraue dem nächsten Augenblick.
Ich lebe die Liebe und fühle mich sicher.
Ich überprüfe meine Gefühle (Ängste) und finde die Quelle.

Ich bin jetzt bereit, alle meine Gefühle anzusehen –
und akzeptiere sie.
Mit meiner Bereitschaft, meine Angst anzusehen,
löse ich sie auf.

Einfach und sicher spreche ich über meine innersten Gefühle
und Empfindungen.
Es ist gut für mich, über meine Gefühle zu sprechen.

Ich vertraue mir und gehe gelassen durch diese Welt.
Ich lasse mich von meiner Seele führen.

Am Horizont zeigt sich eine neue Kraft.
Ich bin sicher. Ich bin geborgen.
Ich stehe im Licht.
Ich erwarte Gutes.

# *Mustard*

## *Nr. 21*

Wilder Ackersenf – *Sinapis arvensis*

### *Kurzbeschreibung*
### *Symptome im disharmonischen Energiezustand*

Den Mustard-Menschen »überfällt« ohne erkennbaren Grund eine unerklärbare Schwermut und Traurigkeit. In der Psychologie ist dieser Zustand als endogene (im Individuum selbst entstandene, nicht von außen kommende) Depression bekannt. Hier handelt es sich um Gefühle von Traurigkeit, Schwermut und Unlust, die zeitweise auftreten. Das Unterbewußtsein versucht, »das Material« (verdrängte, unverarbeitete Erlebnisse) in das Bewußtsein zu transportieren, damit der innere Druck nachläßt und es aufgearbeitet werden kann.

Der Mustard-Mensch durchlebt in dieser Phase eine dunkle Zeit. Nichts kann ihn in seiner »Weltuntergangsstimmung« erheitern. In diesem Zustand zieht er sich gerne zurück und fühlt sich als Gefangener seiner Melancholie.

### *Körperliche Symptome*

Schlafstörungen, Verdauungsprobleme, Kreislaufschwäche, Antriebsarmut.

### *Wahrscheinliche Programmierung/Erfahrung*

»Das Leben hat ja sowieso keinen Sinn.«

### *Anregungen*

Diese Gefühle voll und ganz annehmen lernen, damit Befreiung möglich wird; körperlich aktiv sein; das Wurzel- und Sex-Chakra aktivieren.

# Affirmationen

*für Mustard*

## *Optimismus/Zuversicht*

Die Sonne scheint auch wieder für mich.
Nach Regentagen kommen Sonnentage.

Nach Zeiten der Dunkelheit kommt das Licht.

Es ist in Ordnung für mich, da zu sein, wo ich bin.

Mein Herz, meine Seele befreit sich jetzt von Bildern
und Gefühlen aus der Vergangenheit.

Ich tue mir Gutes, wo ich nur kann.
Ich mache Lebensfreude und ein frohes Herz
zu meinen Leitsternen.

Ich erlaube und schenke mir mehr Lebensfreude.
Ein glückliches Leben und Lebensfreude ist natürlich und
mein Lebensrecht.

Voll und ganz lebe ich dieses Gefühl.

Ich fließe mit dem Leben; es ist so, wie es ist.
Licht und Liebe sind die einzige Realität.
Ich stelle mich ins Licht und warte ab, was geschieht.

# *Oak*

## *Nr. 22*

Stieleiche – *Quercus robur*

### *Kurzbeschreibung*
### *Symptome im disharmonischen Energiezustand*

Ausdauer, Willenskraft, ein hohes Verantwortungs- und Pflichtbewußtsein kennzeichnen den Oak-Menschen im positiven Energiezustand. Im blockierten Zustand dagegen muten sie sich zuviel zu; sie übernehmen sich mit ihren Aktivitäten und in ihrem Helfen-Wollen. Ein übertriebenes Pflicht- und Leistungsbewußtsein veranlaßt sie, auch dann noch zu helfen, wenn sie mit dem eigenen Leben und ihren alltäglichen Aufgaben überfordert sind.
Oak-Menschen geben selten auf und »kämpfen«, bis sie völlig erschöpft sind. Krankheit ist ihnen ein Greuel, da sie »Herr« über ihre Lage sein wollen.

### *Körperliche Symptome*

Erschöpfungszustände, Zähneknirschen in der Nacht, Schlafprobleme, Nackenverspannungen.

### *Wahrscheinliche Programmierung/Erfahrung*

»Mir ist auch nichts geschenkt worden«, »Du wirst niemals mit der Arbeit fertig« und »Laß dich bloß nicht gehen« und »Reiß dich zusammen«.

### *Anregungen*

Atem- und Entspannungsübungen (Bodywork).
Mit dem Leben »fließen« lernen, sich selbst klare körperliche Grenzen setzen.

# Affirmationen

*für Oak*

### *Vertrauen / Selbstverantwortung*

Ich lasse mir Zeit und entspanne mich.
Ich schenke mir Ruhe und Erholung.
Alles entwickelt sich zur rechten Zeit und am richtigen Ort.

Aus der Ruhe schöpfe ich meine Kraft.

Ich trage mein »Lebensgepäck« leicht und mühelos.
Andere tragen ihr »Lebensgepäck« leicht und mühelos.

Ich beschäftige mich mit dem, was veränderbar ist.
Ich tue das, was wichtig für mich ist.
Ich tue das, was für mich und andere gut ist.
Ich tue das, was mir Freude macht.

Ich lebe Nachgiebigkeit und Flexibilität, dadurch erfahre ich eine neue Freiheit.

Ich finde das richtige Maß.
Ich gehe den Weg der Mitte.
Ich achte auf meine Energie und darauf, wofür ich sie verwende.
Ich verwöhne mich mit Lachen und Spaß.

# *Olive*

## *Nr. 23*

Ölbaum, Olive – *Olea europaea*

### *Kurzbeschreibung*
### *Symptome im disharmonischen Energiezustand*

Den Olive-Menschen kennzeichnen extreme Erschöpfungszustände. Davon sind Körper, Seele und Geist betroffen. Die Gründe dafür sind in kraftzehrender Krankheit, in Schicksalsschlägen (Trennung oder Tod eines geliebten Menschen) oder in prägenden Entwicklungsphasen zu suchen.
Olive-Menschen fühlen sich energie- und kraftlos. Sie haben lange aus ihren geringen Kraftreserven geschöpft und folglich zu nichts mehr Lust. Sie wünschen sich Ruhe und brauchen Erholung.

### *Körperliche Symptome*

Innere Kraftlosigkeit, Erschöpfungszustände, blasse Haut.

### *Wahrscheinliche Programmierung/Erfahrung*

Generationskonflikt, in dem die übermächtigen Erzieher Leistungsbereitschaft und Lebenskräfte unterdrückt haben.
»Nur wer viel leistet, wird es zu etwas bringen« und »Von nichts kommt nichts«.

### *Anregungen*

Schlafen, ausgedehnte Spaziergänge, sich von der Außenwelt zurückziehen, damit Eindrücke verarbeitet werden können. Energieausgleichsübungen (z. B. Chakra-Atmen).

# Affirmationen

für Olive

## *Ruhe/Erholung*

Ich ruhe in mir.
Ich gönne mir Ruhe und Erholung.
Ich genieße meine kleinen Pausen.

Ich trete ins Licht und damit in die Selbstbestimmung.
Ich weiß, was gut und richtig für mich ist.
Ich achte auf das, was mein Körper, mein Geist und meine
Seele brauchen. Ich gebe mir das, was mir guttut.

Ich achte auf meine Lebensenergien und setze sie achtsam
und bewußt ein.

Nach einer Zeit der Anstrengungen folgt eine Zeit der Ruhe.
Ich beachte beide Pole.

Ich bin in Verbindung mit den unerschöpflichen Kräften
der Existenz.
Ich öffne mich diesen Energien.
Mühelos fließen mir diese Kräfte zu.

In der Ruhe liegt die Kraft.
Kraftvoll begegne ich allen Herausforderungen.

# Pine

## Nr. 24

Gemeine Kiefer, Föhre – *Pinus sylvestris*

### *Kurzbeschreibung*
### *Symptome im disharmonischen Energiezustand*

Pine-Menschen leben ständig in dem Gefühl, sie hätten etwas falsch gemacht. Schuldgefühle sind die Folgen, und diese treiben sie zur Leistung an. Sie nehmen sich zuviel vor und können ihren Erwartungen (unbewußt den Erwartungen der Eltern) nicht gerecht werden. Ständig damit beschäftigt, »besser« zu werden, versuchen sie Schuld abzutragen, denn Schuld suchen sie immer zuerst bei sich selbst. Die Folgen davon sind Selbstverurteilung, Selbstablehnung und Perfektionismus.

### *Körperliche Symptome*

Erschöpfungszustände.

### *Wahrscheinliche Programmierung/Erfahrung*

1. Kindheitserfahrung: »Ich hätte mehr von dir erwartet« und »Deinetwegen habe ich so viele Probleme.«
2. Die Idee der Erbsünde, die uns als Kind einprogrammiert wurde: »Du lebst, also bist du schuldig.«
3. Ein unerwünschtes Kind – Ablehnung schon im Bauch der Mutter – Schuldtrauma.

### *Anregungen*

Beschäftigung mit dem Thema Schuld. Die eigenen Schuldprogramme erkennen, ein neues Selbstwertgefühl aufbauen, in die Selbstbejahung und -bestimmung finden. Vollständige Verantwortung übernehmen, damit Schulddenken und Selbstbestrafung beendet werden können.

# Affirmationen

*für Pine*

### *Vergeben / Selbstbejahung / Selbstwertgefühl*

Ich schließe Frieden mit mir.
Ich schließe Frieden mit meiner Mutter und meinem Vater.
Ich schließe Frieden mit Gott und der Welt.

Ich sehe mit den Augen der Vergebung.
Ich verzeihe mir, daß ich mir in der Vergangenheit
nicht treu war.
Liebe und Lebensfreude sind meine Leitsterne.

Ich lasse los von allen Schuldgedanken.
Ich bin frei von Schuld und genieße mein Leben.

Ich kann es nur mir recht machen.
Ich kann nein sagen ohne Schuldgefühle.
Ich entscheide für mich selbst, was gut und richtig für mich ist.

Ich mag mich, so wie ich bin.
Ich akzeptiere und liebe mich.
Ich sage jetzt »ja« zu mir.
Ich ändere das, was ich ändern möchte.
Ich übernehme die Verantwortung für mein Leben.
Ich bin gut genug, um das Leben zu genießen.
Ich ruhe in mir. Alles ist gut!

# Red Chestnut

## Nr. 25

Rote Roßkastanie – *Aesculus carnea*

### *Kurzbeschreibung*
### *Symptome im disharmonischen Energiezustand*

Red-Chestnut-Menschen machen sich zuviel Sorgen um andere. Sie kümmern sich liebevoll, überfürsorglich und aufopfernd um ihre Mitmenschen. Die Gesundheit und das Wohlergehen anderer ist ihnen so wichtig, daß sie sich selbst vernachlässigen. Durch ihre Ängste, die sie auf andere projizieren, verhindern sie manchmal deren geistige Entwicklung.

### *Körperliche Symptome*

Kopfschmerzen, Verspannungen, Herz-, Schlaf- und Kreislaufbeschwerden.

### *Wahrscheinliche Programmierung/Erfahrung*

Symbiotische Beziehung zwischen Mutter/Vater und Kind. Beide Seiten sind der Meinung, sie brauchten den anderen, um überleben zu können; deshalb leben sie in der Angst, es könnte etwas Schlimmes passiert sein oder geschehen.

### *Anregungen*

Realisieren, daß wir unseren und den »Lebensplan« anderer nicht verstehen können. Vertrauen in das Leben zurückgewinnen und sich allmählich aus symbiotischen Beziehungen lösen und erkennen: »Ich bin allein lebensfähig.« Erkennen, daß Sich-Sorgen-Machen nichts verändert, sondern zusätzlich Angst erzeugt.

# Affirmationen

*für Red Cestnut*

### *Vertrauen / Wahre Nächstenliebe*

Jeder findet irgendwann ins Licht.
Das Leben hat seine eigenen Gesetze. Ich vertraue auf das Gute im Leben.

Dinge geschehen, weil sie geschehen müssen.
Ich vertraue meinem Leben und Schicksal.

Sicher und geborgen fließe ich im Fluß des Lebens.
Ich bin sicher. Andere sind sicher.
Ich lebe im Licht. Andere leben im Licht.
Gott ist immer bei uns!

Ich helfe, wenn ich um Hilfe gebeten werde.
Ich bitte andere, wenn ich Hilfe brauche.
Ich begegne notwendigen Lernschritten und Wachstumsphasen anderer mit Wachheit und Klarheit.
Ich lebe Mitgefühl.
Ich ändere meine Sorgen um in tatkräftiges Handeln.
Vertrauen, Gelassenheit, Zuversicht – alles ist in Gottes Händen.
Ich achte auf meine Grenzen und Möglichkeiten.
Ich achte auf mich.

Gutes geschieht, weil ich Gutes erwarte

# Rock Rose

## Nr. 26

Sonnenröschen – *Helianthemum nummularium*

### *Kurzbeschreibung*
### *Symptome im disharmonischen Energiezustand*

Der Rock-Rose-Mensch befindet sich in einem Schock und in einer inneren Panik. Seine Empfindsamkeit und vielleicht auch unverarbeitete Erlebnisse aus der Vergangenheit bewirken in einer außergewöhnlichen Situation einen »innerlichen Gefühlsstau« (Angst vor Kontrollverlust), der Kopflosigkeit und Panik zur Folge hat. Ein unkontrollierbares Reaktionsmuster läuft wie ein Film ab, so daß keine angemessene, geistesgegenwärtige Reaktion möglich ist. Der Solarplexus (Gefühlszentrum) ist zeitweise überfordert.

### *Körperliche Symptome*

Störungen im vegetativen Nervensystem, Neigung zur Ohnmacht, Atembeschwerden, starkes Herzklopfen in der Nacht.

### *Wahrscheinliche Programmierung/Erfahrung*

Kindheitserlebnisse, wie Geburtstrauma, Unfälle, Schocks, die von außen aktiviert werden können.

### *Anregungen*

Aufarbeitung und Klärung von Ängsten und Erfahrungen; sich mit dem Thema Kontrolle und Lebensplanung beschäftigen; Atemtherapie und Rebirthing zur Aufarbeitung der emotionalen und energetischen Blockaden.

# Affirmationen

*für Rock Rose*

### *Sicherheit / Geborgenheit / Urvertrauen*

Ich bin in Sicherheit. Ich bin geschützt und geborgen.
Meine Seele ist unverletzlich.

Ich lebe. Es ist vorbei. Es geht weiter.
Mit neuer Kraft und neuem Mut gehe ich weiter.

Ich stehe im Licht. Es erfüllt mich mit neuem Mut.
Ich werde getragen und gehalten. Gott ist bei mir.

Ich fühle mich sicher im Fluß des Lebens.
Alles kommt wieder zur Ruhe. Alles kommt ins Gleichgewicht. Alles ist im Gleichgewicht.

Ich atme bewußt und erkenne, daß ich lebe.
Jeder bewußte Atemzug bringt Erleichterung und mein Lebensvertrauen zurück.
Ich lebe in den Tag hinein und genieße es!
Ich lasse mich von den Ereignissen des Tages überraschen.

Ich werde von Tag zu Tag beweglicher.
Wach und voller Vertrauen gehe ich in den neuen Tag.
Ich entspanne mich und lasse mich vom Fluß des Lebens mitnehmen.

# *Rock Water*

## *Nr. 27*

Heilkräftiges Quellwasser

### *Kurzbeschreibung*
### *Symptome im disharmonischen Energiezustand*

Der Rock-Water-Mensch ist zu streng mit sich selbst. In einem falschverstandenen Idealismus lebt er nach strengen Regeln und Dogmen. Mit einer übertriebenen Selbstdisziplin unterdrückt er natürliche Bedürfnisse und Sehnsüchte, wenn sie sich nicht mit seinen strengen Lebensprinzipien vereinbaren lassen. Er fastet fanatisch, meditiert stundenlang und unterwirft sich in Extremfällen schmerzhaften Ritualen, wenn er darin eine geistige Höherentwicklung vermutet. Aber er drängt andere nicht dazu, nach seinen Überzeugungen zu leben. Wirkliches Verstehen und Höherentwicklung sind jedoch jenseits aller Extreme, sie sind ein Weg der Mitte.

### *Körperliche Symptome*

Nackenverspannungen, allgemeine Unbeweglichkeit, Gefäßverkalkung.

### *Wahrscheinliche Programmierung/Erfahrung*

Angst vor Kritik und Bewertung.
Strenge Erziehung: »Kannst du denn gar nichts richtig machen.«

### *Anregungen*

Begreifen, daß geistige Entwicklung vor allem über das stille, empfängliche und verstehende Herz führt; liebevoller und großzügiger mit sich selbst umgehen; sich viel Gutes tun und das Leben genießen lernen!

# Affirmationen

*für Rock Water*

***Leichtigkeit/Großzügigkeit/Freude***

Ich freue mich auch über die alltäglichen Dinge des Lebens.

Ich lege meine Seele in die Sonne und genieße.

Ich genieße es, mit Leichtigkeit zu wachsen.
Leicht, entspannt und gutgelaunt finde ich zu Gott.
Meine Verbindung zu Gott ist so gut, daß ich
mit allem versorgt werde.
Gott liebt mich, wenn ich es mir gutgehen lasse.

Ich werde geliebt für das, was ich bin.
Lachen, Freude und Liebe ist mein Weg.
Das Leben selbst ist mein Ziel.

Ich bin liebevoll zu mir und anderen.

Ich tue mir Gutes und öffne mein Herz.
Mein Herz sagt mir, was gut für mich ist.
Ich öffne mich dem Leben, so wie es ist.

Ich gehe den Weg der Mitte.

# Scleranthus

## Nr. 28

Einjähriger Knäuel – *Scleranthus annuus*

### *Kurzbeschreibung*
### *Symptome im disharmonischen Energiezustand*

Dem typischen Scleranthus-Menschen fällt es schwer, sich zu entscheiden. Sein ständiges Prüfen, Ringen, Abwägen von gegensätzlichen Aspekten läßt ihn keine klare Entscheidung finden.
Scleranthus-Menschen wechseln sehr oft und schnell ihre Meinung. Ihr extremer Wechsel von Aktivität und Apathie läßt sich nur sehr schwer von einem Außenstehenden nachvollziehen. Sie sind an allem interessiert und haben ständig neue Ideen, die in Zerstreutheit und Konzentrationsstörungen enden.
Ihre Stimmung und ihre Beschwerden ändern sich schnell.

### *Körperliche Symptome*

Reisekrankheit, Probleme mit dem Gleichgewicht, Hörstörungen.

### *Wahrscheinliche Programmierung / Erfahrung*

»Laß es lieber, es kommt ja doch nichts Richtiges dabei heraus.«
Aus Angst, wieder Fehler zu machen, bleiben sie in der »Sich-nicht-entscheiden-können-Phase« stecken.

### *Anregungen*

Energetische Ausgleichsübungen/Shiatsu. Chakra-Atmen), Stehübungen (Yoga oder Bioenergetik); Harmonisierung des Nervensystems.

# Affirmationen

*für Scleranthus*

***Balance / Gleichgewicht / Entscheidungskraft***

Ich bleibe bei mir und höre auf mein Herz.
Mein Herz zeigt mir den goldenen Mittelweg.
Es sagt mir, was wirklich wichtig ist.
In meiner Einfachheit erfahre ich Zufriedenheit.
Ich bleibe in der Mitte. Ich ruhe in mir.
Ich genieße es, in meiner Mitte zu sein.

Ich erlaube mir, so zu sein, wie ich bin,
einfach, klar und authentisch.

Ich muß nicht jemand Besonderer sein.
Ich bin gut genug, so wie ich bin.

Ich lebe in Harmonie mit mir und anderen.
Ich verbreite Ruhe und Gelassenheit.

Ich frage leicht und mühelos nach dem, was ich möchte.

Sicher und einfach treffe ich meine Entscheidungen.
Ich genieße das, was das Leben für mich bereithält.

Ich lebe diesen Moment, diese Minute, diese Stunde
und diesen Tag voll und ganz.

# Star of Bethlehem

## Nr. 29

Doldiger Milchstern, Stern von Bethlehem –
*Ornithogalum umbellatum*

### *Kurzbeschreibung*
### *Symptome im disharmonischen Energiezustand*

Star of Bethlehem wurde von Bach als »Seelentröster« bezeichnet. Der Star-Mensch leidet im disharmonischen Zustand unter großer seelischer Not, da er einen Unfall, eine körperliche Verletzung, eine Mißhandlung in der Kindheit oder das Geburtstrauma noch nicht verarbeitet hat. Diese Erlebnisse können nicht vergessen werden, zu groß ist der Schock oder der Schmerz. Sie zeigen sich dann in Alpträumen, Depressionen und Verhaltensstörungen. Es heißt: »Die Zeit heilt alle Wunden«, aber die Integration des Erfahrenen hängt vom Reifezustand eines Menschen ab. Häufig sind Schicksalsschläge eine Aufforderung, seine bisherige Lebenshaltung zu ändern.

### *Körperliche Symptome*

Blässe, Gefühllosigkeit, in Extremfällen Lähmungserscheinungen.

### *Wahrscheinliche Programmierung / Erfahrung*

siehe oben!

### *Anregungen*

Ausruhen und viel schlafen; sanfte Energie- und Atemarbeit, um die blockierten Energien sanft wieder zum Fließen zu bringen; die geistige Beweglichkeit und Lernbereitschaft überprüfen.

# Affirmationen

*für Star of Bethlehem*

### *Innere Heilung / Schockauflösung*

Ich atme. Ich bin. Ich bin sicher.
Es ist vorbei. Ich bin in Sicherheit. Ich bin geschützt.
Der innerste Kern ist nicht verletzt.

Ich lasse jetzt fließen, was fließen möchte.
Die Vergangenheit ist vorbei.

Ruhe – Frieden – Stille – Harmonie.

Ich öffne mich heilenden Energien und Kräften.
Licht und Energie durchströmen meine Seele.
Jeder Atemzug gibt mir neue Kraft.

Jede Erfahrung ist für etwas gut. Ich vertraue darauf, daß etwas
Besseres und Größeres zu mir kommt.

Ich bin jetzt bereit, das Wesentliche meiner Erfahrung
zu erkennen.

Ich werde geführt. Ich werde gehalten.
Ich werde getragen. Ich werde beschützt.
Ich stehe im Licht.

# *Sweet Chestnut*

## *Nr. 30*

Eßkastanie, Edelkastanie – *Castanea sativa*

### *Kurzbeschreibung*
### *Symptome im disharmonischen Energiezustand*

Sweet-Chestnut-Menschen sind in einer »Geburtsphase«. Die Seele rüttelt kräftig an der Ichgrenze. Dies bedeutet, daß sie ihre persönlichen Grenzen erweitern und neu »abstecken« müssen, damit sich für sie neue und größere Möglichkeiten eröffnen können. In dieser Phase erlebt der Mensch große innere Qualen, Orientierungs- und Hoffnungslosigkeit. Er meint, das alles nicht länger ertragen zu können.

Die Lösung (Erlösung) findet der Mensch in der Bewußtseinserweiterung und in der Erfüllung seiner »Lebensaufgabe«. Für viele Menschen sind dies die dunkelsten Lebensphasen. Obwohl sie in Liebe und Licht schwimmen, können sie es weder wahrnehmen noch empfinden.

### *Körperliche Symptome*

Energielosigkeit, Verdauungsprobleme.

### *Wahrscheinliche Programmierung/Erfahrung*

»Wer nicht hören will, muß fühlen.«

### *Anregungen*

Astrologische Beratung, um den Sinn dieser Verwandlung verstehen zu können. In »größeren Dimensionen« denken lernen. Energiearbeit, damit die Energie wieder fließen kann.

# Affirmationen

*für Sweet Chestnut*

## *Heilung im Licht / Wegfindung*

Ich erlöse mein Ich (mich), indem ich notwendige Veränderungen zulasse.
Ich verbeuge mich vor dem Größeren.

Ich finde ins Licht. Ich trete ins Licht.
Ich bin im Licht. Ich bleibe im Licht.

Das Wesentliche in mir ist geschützt und geborgen.

Ich vertraue mir. Ich vertraue Gott.
Ich vertraue der Existenz.

Licht und Liebe sind der Weg. Ich gehe diesen Weg.

Altes muß vergehen, damit Neues entstehen kann.

Ich leide. Ich wachse. Ich lerne.
Ich bin jetzt dafür bereit.

Ich gehe mit Gott und finde Erlösung.
Ich vertraue auf Führung.

Sein Wille geschehe.

# *Vervain*

## *Nr. 31*

Eisenkraut – *Verbena officinalis*

### *Kurzbeschreibung*
### *Symptome im disharmonischen Energiezustand*

Vervain-Menschen neigen dazu, anderen ihre Grundüberzeugungen und persönliche Lebensweise aufzudrängen. In ihrem Glauben, etwas Gutes zu tun, können sie fanatisch, intolerant und starrsinnig sein. Sie verteidigen ihre fixen Ideen mit allem Nachdruck und scheinen deshalb unbelehrbar zu sein. Das übertriebene »Sendungsbewußtsein« schadet mehr, als daß es einer guten Sache oder den Menschen nützt. In ihrem Eifer treiben sie allzuoft Raubbau mit ihrem Körper und ihren Lebensenergien. Außerdem neigen sie zu Übertreibungen, Einseitigkeit und Vorurteilen.

### *Körperliche Symptome*

Erschöpfungszustände und chronische Muskelverspannungen.

### *Wahrscheinliche Programmierung/Erfahrung*

»Du bist einfach nichts wert.« Frühe Erfahrungen von Ungerechtigkeit und Abwertung. Man möchte den Beweis erbringen, daß man auch jemand ist und daß man auch etwas kann.

### *Anregungen*

Verstehen lernen, daß jeder Mensch seinen persönlichen Weg gehen muß; mehr auf den eigenen Energiehaushalt achten; sich Menschen mitteilen, die offen dafür sind.

# Affirmationen

*für Vervain*

### *Gelassenheit / Mitte finden / Toleranz*

Ich lebe Gelassenheit, Ruhe und Sanftmut.
Ich entspanne mich und lasse das Leben fließen.
Gedanken und Ideen kommen und gehen.

Ich bleibe in der Mitte. Ich ruhe in mir und atme.

Ich finde das richtige Maß, meine Kräfte und Energien einzusetzen.
Ich lenke wach und bewußt meine Energien auf lohnende Ziele.
Leicht und mühelos komme ich an mein Ziel, ohne dabei jemanden überzeugen zu müssen.
Andere gehen ihren Weg – und das ist gut so!
Ich gehe meinen Weg – und das ist gut so!

Ich übernehme die Verantwortung für mein Leben und für meine Entwicklung. Andere tun dasselbe für ihre Entwicklung!
Ich helfe und teile, wenn ich darum gebeten werde.

Ich frage mich immer wieder:
Will ich meine Kräfte für … einsetzen?
Ist es änderbar? Ist es wirklich wichtig?

Mit Freuden lasse ich andere Meinungen gelten.

# Vine

## Nr. 32

Weinstock, Weinrebe – *Vitis vinifera*

### *Kurzbeschreibung*
### *Symptome im disharmonischen Energiezustand*

Vine-Menschen sind selbstsicher. Sie besitzen überdurchschnittliche Fähigkeiten und eine ausgeprägte Persönlichkeit. Sie wissen, was sie wollen.

Im negativen Energiezustand neigen sie dazu, ihre Autorität für persönliche Machtansprüche zu mißbrauchen. Manchmal verfolgen sie ihre Ziele zu ehrgeizig, zu rücksichtslos und zu hart. Eine Diskussion oder ein Dialog erweist sich als äußerst schwierig, da sie der Meinung sind, sowieso im Recht zu sein. Andererseits sind Vine-Menschen in Notsituationen geistesgegenwärtig und entschlossene Retter.

### *Körperliche Symptome*

Migräne, Bluthochdruck, Unbeweglichkeit der Gelenke, »Starrhalsigkeit«.

### *Wahrscheinliche Programmierung/Erfahrung*

Fehlendes Urvertrauen: »Es wird einem nichts geschenkt, man muß sich alles hart erarbeiten« und »Nur nicht die Übersicht verlieren.« Die Folge ist ein starkes Kontrollverhalten.

### *Anregungen*

Vom Kopf zum Herzen finden; Großmut leben; andere darin unterstützen, daß sie ihren Weg finden und gehen; Anerkennung der individuellen Freiheit jedes Menschen.

# Affirmationen

*für Vine*

### *Achtsamkeit / Rücksicht / Weisheit*

Ich lebe Rücksicht und Verständnis.

Jeder lebt sein Leben, so gut er kann.
Jeder kann für sich entscheiden, was gut und richtig für ihn ist.
Jeder ist für seine Entscheidung verantwortlich.

Ich unterstütze andere darin, daß sie ihren Weg finden
und gehen.

Jeder hat das Recht, selbst zu wählen, wo und wie er sein
Glück sucht und findet.

Ich lasse gelten, was andere für sich gut finden.
Ich lasse gelten, was andere für sich entscheiden.
Ich lasse andere Meinungen gelten und genieße die Vielfalt
der Betrachtungsweisen.

Ich bin offen für andere Möglichkeiten.
Ich lebe Vertrauen.
Ich gebe mich dem Leben hin.

Mein Herz und meine Gefühle zeigen mir den Weg.

# *Walnut*

## *Nr. 33*

Walnußbaum – *Juglans regia*

### *Kurzbeschreibung*
### *Symptome im disharmonischen Energiezustand*

Walnut-Menschen brauchen in Entwicklungs- und Wachstumsphasen Schutz vor äußeren Einflüssen, da sie bei grundlegenden Lebensveränderungen (z. B. Wohnortwechsel, Trennung, Schwangerschaft, langer Krankheit, Pensionierung) sehr leicht zu beeinflussen und instabil sind.

Damit er den Durchbruch schafft, braucht der Walnut-Mensch klare Zielvorstellungen und Verständnis für das, was sich in seinem Leben verändert. Seinen neugewonnenen inneren Wertvorstellungen und Erkenntnissen, Idealen und Zielen sollte er treu bleiben.

### *Körperliche Symptome*

Probleme mit dem Bindegewebe, der Wirbelsäule und dem Immunsystem.

### *Wahrscheinliche Programmierung / Erfahrung*

»Na, da bin ich mir nicht so sicher, ob das gutgeht« und »Es wird ja doch wieder nichts.«

### *Anregungen*

Persönlichkeitsfördernde Therapie; ein wacherer Umgang mit Fremdbestimmung und Sich-Abgrenzen; Bejahung und wacher Umgang mit Veränderungen; zu den eigenen Gedanken und Entscheidungen immer mehr Vertrauen gewinnen.

# Affirmationen

*für Walnut*

## *Selbstbewußtsein und -vertrauen / Neubeginn*

Ich bleibe mir treu.
Ich begegne der inneren und äußeren Welt wach und bewußt.

Ich bleibe meinen Vorsätzen und Idealen treu.
Ich vertraue meinem inneren Ratgeber und Führer.
Ich finde in mir die Antwort auf meine Fragen.

Ich weiß, was ich will.
Ich halte an dem fest, was gut und richtig für mich ist.

Notwendigen Veränderungen begegne ich mit Ruhe,
Gelassenheit und Vertrauen.
Neuem stehe ich offen und zuversichtlich gegenüber.
Ich gehe neue Wege, und das ist gut so!
Ich finde die Kraft und den Mut, Neues zu beginnen
und abzuschließen.

Ich finde meine Aufgabe.
Ich öffne mich meiner Seele.
Ich lebe aus dem Herzen.

# Water Violet

## Nr. 34

Sumpf-Wasserfeder – *Hottonia palustris*

### *Kurzbeschreibung*
### *Symptome im disharmonischen Energiezustand*

Water-Violet-Menschen sind ruhig und leben zurückgezogen. Sie können gut alleine sein. Auf ihre Mitmenschen wirken sie manchmal distanziert und hochmütig. Mit einer Haltung der Überlegenheit und Unnahbarkeit schützen sie sich vor Gefühlsverletzungen, obwohl sie sich nichts sehnlicher wünschen als Nähe, Geborgenheit und Zuwendung.
So kümmern sie sich um ihre Angelegenheiten und lassen Außenstehende nur selten in ihre »kleine Welt« hineinsehen. Um diese angelernten Strukturen aufzuweichen, bedarf es liebevoller, sanfter und behutsamer Menschen.

### *Körperliche Symptome*

Rücken- und Wirbelsäulenprobleme, allgemeine Gelenksteifigkeit.

### *Wahrscheinliche Programmierung/Erfahrung*

Angelernter Standesdünkel; »Gib dich nicht mit jedem ab« und »Wir bleiben lieber unter uns«.

### *Anregungen*

Psychologischen Begleiter suchen und grundlegende Lebenshaltungen/-entscheidungen überprüfen. Tanzen, Yoga, Stretching, Pulsing. Durch Kommunikationsseminare in ein »Miteinander-Gefühl« finden.

# Affirmationen

*für Water Violett*

### *Herz öffnen / Wahre Gefühle zeigen*

Ich bin sicher. Sicher, mich so zu zeigen, wie ich bin.
Meine Offenheit macht mich schön.

In meiner Offenheit und Verletzlichkeit liegt meine Sicherheit.

Einfachheit, Klarheit und Liebe sind meine Leitsterne
und Wegweiser.
Ich handle mit Weisheit und Liebe.

Ich unterstütze und helfe, wenn ich gebeten werde.
Ich bitte um Hilfe, wenn ich Hilfe brauche.
Es entsteht Gemeinschaft.

Ich genieße die Nähe anderer.
Andere genießen es, mit mir zusammenzusein.

Ich nehme teil am Spiel des Lebens.
Ich erkenne und sehe auch das Gute im Menschen.

Ich öffne mein Herz und erfahre Liebe.

# White Chestnut

## Nr. 35

Gemeine Roßkastanie – *Aesculus hippocastanum*

### *Kurzbeschreibung*
### *Symptome im disharmonischen Energiezustand*

Der White-Chestnut-Mensch ist geplagt von ständig kreisenden Gedanken. Es hat den Anschein, daß das »innere Gerede« kein Ende nimmt. Ungelöste Probleme und die vielen kleinen Alltagssorgen lassen ihn gedanklich nicht zur Ruhe kommen. Ständig damit beschäftigt, Lösungen zu suchen, drängt der Verstand das »Gedankenkarussell« ins Bewußtsein.

Das »Gedankenkarussell« verhindert innere Ruhe und Frieden und ein Hier-und-jetzt-Gefühl. Die Folgen sind Zwangsdenken, mangelnde Konzentration und Schlafstörungen.

### *Körperliche Symptome*

Kopfschmerzen, Zähneknirschen in der Nacht, Ruhelosigkeit.

### *Wahrscheinliche Programmierung/Erfahrung*

Innerhalb der Familie wurden bestimmte Bedürfnisse, Gefühle und Gegebenheiten unterdrückt, nicht gezeigt und nicht ausgesprochen.

### *Anregungen*

Aktive Meditationen (z. B. Vier Himmelsrichtungen); Körper- und Atemübungen; rechtzeitig die Aktivitäten beenden, damit der Verstand zur Ruhe kommen kann, Gestalttherapie.

# Affirmationen

*für White Chestnut*

## *Geistige Ruhe/Innere Sammlung*

Ich bin in meiner Mitte.
In der Stille und Ruhe liegt die Antwort.
Die Gedanken sind still. Der Verstand ist ruhig.

Ruhig und gelassen beobachte ich meine Gedanken.
Ich lasse sie weiterziehen, wenn sie es wollen.
Gedanken kommen und gehen; und ich bleibe
in meiner Mitte.

Ich schließe Freundschaft mit den Gedanken.
Ich schließe Freundschaft mit dem Verstand.
Den Verstand und die Gedanken setze ich für meine Ziele ein.
Ich mache sie zu meinem Helfer, um zu erkennen,
was wirklich wichtig ist.

Ich bin jetzt bereit, alle Gefühle und Gedanken in mir
anzuschauen.
Ich lasse alle Gefühle gelten.
Ich teile jetzt mit, was ich denke und fühle.

Hinschauen – gelten lassen – akzeptieren!

# *Wild Oat*

## *Nr. 36*

Waldtrespe – *Bromus ramosus*

### *Kurzbeschreibung*
### *Symptome im disharmonischen Energiezustand*

Wild-Oat-Menschen möchten in ihrem Leben etwas Besonderes vollbringen, aber sie können ihre grundlegende Lebensaufgabe nicht finden. Sie sagen: »Ich möchte das Richtige tun, weiß aber nicht, was ich tun soll.« Sie verlieren mit der Zeit den Blick für das Wesentliche und mißtrauen ihrem natürlichen Instinkt. Je mehr sie von ihrem »eigentlichen Lebensweg« abweichen, desto häufiger zeigen sich Gefühle der Unzufriedenheit und Sinnlosigkeit. Auf der Suche nach Lebenssinn und einem Lebenskonzept beginnen sie ständig mit neuen Dingen. Mit der Zeit fühlen sie sich energielos, unsicher, mutlos und frustriert.

### *Körperliche Symptome*

Probleme mit den Nieren und dem Lymphsystem, sexuelle Störungen.

### *Wahrscheinliche Programmierung/Erfahrung*

Sie haben folgende Botschaft vernommen: »Dein Denken und Fühlen, deine Entscheidungen und Bedürfnisse sind falsch.«
Schlußfolgerung: »Mit mir stimmt etwas nicht.«
Folge: Verlust der wahren Identität und der inneren Lebensvision.

### *Anregungen*

Den inneren Ratgeber finden; seiner Intuition vertrauen lernen; Ziele klarer definieren.

# Affirmationen

*für Wild Oat*

### *Selbsterkenntnis / Klare Zielvorstellungen*

Ich vertraue mir. Ich vertraue meinen Gefühlen, Gedanken
und Entscheidungen.

Ich lasse los von früheren einschränkenden Ideen über mich.

Ich erkenne, wer ich wirklich bin und was ich will.
Ich erkenne, was wirklich wichtig für mich ist.
Ich erkenne meine Talente und Fähigkeiten.
Leicht und mühelos bringe ich sie zum Ausdruck.

Sorgfältig plane ich meine Vorhaben.

Ich bringe meine Vorhaben zu einem gute Ende.
Meine Tatkraft und Entschlossenheit führen mich ans Ziel.

Ich finde und gehe meinen Weg.
Ich lasse mich von meiner Seele an der Hand nehmen und mir
den Weg zeigen.

Ich entlasse mich aus der Idee, jemand Besonderer
sein zu müssen.
In meiner Einfachheit liegt das Besondere.

# *Wild Rose*

## *Nr. 37*

Heckenrose, Hundsrose – *Rosa canina*

### *Kurzbeschreibung*
### *Symptome im disharmonischen Energiezustand*

Der typische Wild-Rose-Mensch fühlt sich gelangweilt, lust-, energie- und teilnahmslos. Er hat innerlich kapituliert. Es fehlen ihm jegliches Interesse und jeglicher Antrieb, an seiner Situation etwas zu verändern. Dabei ist er nicht in der Lage, seinen Zustand zu erkennen. Er läßt sich treiben und hat sich mehr oder weniger mit seinem »negativen Schicksal« abgefunden, obwohl seine Lebenssituation durchaus veränderbar wäre.

### *Körperliche Symptome*

Müdigkeit, niedriger Blutdruck, Blässe, Probleme im Hormonhaushalt.

### *Wahrscheinliche Programmierung/Erfahrung*

Unterdrückung der Selbstverwirklichung und angepaßtes Verhalten in der Kindheit: »Damit muß man einfach leben«, »Ich kann ja doch nichts ändern« und »Es hat ja sowieso keinen Sinn«.

### *Anregungen*

Aktivierung des Wurzel- und des Sexual-Chakras. Verstehen lernen, daß alte Gedankenmuster Einstellungen, Einstellungen Gefühle und Gefühle Handlungen bestimmen und entsprechende Ergebnisse erzeugen; selbstbewußter wählen und klären, wonach das Herz verlangt; in seinem Leben einen neuen Sinn finden.

# Affirmationen

*für Wild Rose*

***Lebenskraft / Lebensfreude***

Ich kann wählen! Ich wähle die Freiheit!
Ich wähle das Leben. Ich wähle mich!
Ich wähle …
Ich mache das Beste aus meinen Leben.
Ich gebe der Welt und mir eine neue Chance.

Ich lasse ab von alten Gewohnheiten und lebe für mich.
Ich bin offen für neue und positive Lebensprogramme.

Ich sage jetzt »ja« zu meinem Leben. Ich sage »ja«
zu meinen Gefühlen. Ich sage »ja« zu mir.

Ich lebe. Ich bin hier. Ich genieße es, hier zu sein.
Ich lasse es mir gutgehen!
Ich tue mir alles erdenklich Gute!
Ich genieße die Welt.
Ich genieße meine Gefühle und Empfindungen.

Ich genieße den Reichtum und die Vielfalt.
Ich beginne zu leben und zu genießen.

Ich gebe mir alles, was ich brauche.
Ich gebe meinem Herzen, was es braucht.

# *Willow*

## *Nr. 38*

Gelbe Weide, Dotterweide – *Salix vitellina*

### *Kurzbeschreibung*
### *Symptome im disharmonischen Energiezustand*

Willow-Menschen fühlen sich vom Leben benachteiligt. Sie sind verbittert, grollen und erleben sich als Opfer ihrer Lebensumstände. So fällt es ihnen schwer, für ihr Leben die Verantwortung (sie wollen dem Leben nicht antworten) zu übernehmen. Sie sind der Meinung, daß die Welt oder Umstände an ihrem Schicksal schuld sind und ihnen maßloses Leid zufügen. Willow-Menschen »benutzen« kleinste Anlässe, um zu leiden oder um beleidigt zu sein. Sie sind nachtragend, unzufrieden und bemitleiden sich selbst. Sie nehmen gerne, ohne selbst zu geben.

### *Körperliche Symptome*

Atemprobleme, Probleme mit der Leber, Galle und dem Magen.

### *Wahrscheinliche Programmierung/Erfahrung*

»Die anderen haben es einfach besser«, »Immer muß mir so etwas passieren«, »Ich kann ja nichts dafür« und »Alle sind gegen mich.« Mögliche Lernerfahrung: »Wenn ich beleidigt bin, bekomme ich, was ich haben möchte.«

### *Anregungen*

Begreifen, daß man nicht alles haben kann; mehr Verantwortung für sich selbst übernehmen; in realistischere Sichtweise hineinfinden; Atemtherapie, Gespräche.

# Affirmationen

*für Willow*

## *Selbstverantwortung / Sein Herz finden*

Ich lebe aus dem Herzen.
Ich antworte dem Leben mit Wachheit.
Ich verzeihe mir und …
Ich verzeihe mir für die Schmerzen, die ich mir zugefügt habe.

Ich befreie mich und meine Seele aus der Gefangenschaft:
Selbstmitleid.
Ich bin frei in meiner Wahl, wie ich das Leben erfahre.
Ich ändere meine Einstellungen und Reaktionen,
damit es mir gutgeht.

Ich selbst wähle meine Erfahrungen und Gefühle.
Ich wähle – immer!
Die Welt verändert sich. Dinge geschehen, und ich wähle,
wie ich darauf reagiere.

Ich übernehme jetzt die Verantwortung
– für meine Gefühle und Empfindungen,
– für meine Beziehungen,
– für meinen Erfolg und für meine Erfahrungen.

Ich bin liebevoll mit mir und anderen.

# Rescue Remedy

Erste-Hilfe- und Notfalltropfen

### *Kurzbeschreibung*
### *Symptome im disharmonischen Energiezustand*

Rescue Remedy hilft Menschen bei Unfällen oder plötzlicher Krankheit, nach einem Streit, vor einem Zahnarztbesuch, vor einer Operation, einer Prüfung oder bei einem Vorstellungsgespräch. Rescue Remedy hilft, einen schweren energetischen Schock zu verhindern bzw. wieder aufzulösen.

Die Notfalltropfen sollten nicht dauernd zum Ausgleich genommen werden, sondern ausschließlich für die beschriebenen Ausnahmesituationen.

Rescue Remedy kann keine ärztliche Behandlung ersetzen, wenn diese angezeigt ist.

### *Zusammensetzung Rescue Remedy*

Star of Bethlehem, Rock Rose, Impatiens, Cherry Plum, Clematis.

### *Dosierung*

In akuten Fällen 4 Tropfen aus der Vorratsflasche in ein Glas Wasser und schluckweise trinken, bis der Schock abklingt. Danach alle 30 bis 60 Minuten einen Schluck trinken.

# *Affirmationspraxis II*

## *Ein kleiner Affirmations-Anwendungsplan*

Bitte nehmen Sie diesen Anwendungsplan als Anregung. Selbstverständlich bleibt es Ihrer Kreativität, Phantasie und Ihren persönlichen Möglichkeiten überlassen, wie Sie den Affirmationsprozeß gestalten wollen.

Beginnen Sie erst, wenn Sie die vorausgegangenen Kapitel sorgfältig gelesen haben.

### *1.–3. Tag*

Praktizieren Sie, bevor Sie morgens aufstehen und wenn Sie abends zu Bett gehen, *zwanzig verbundene Atemzüge.* Während des Tages setzen Sie sich bequem auf einen Stuhl (beide Füße auf den Boden, Augen sind geschlossen, Hände liegen entspannt auf den Oberschenkeln), und entspannen Sie sich. Entspannen Sie ganz bewußt (für etwa fünf Minuten) Ihre Muskeln. Vielleicht wollen Sie den Atem beobachten oder den Herzschlag – wie auch immer: Tun Sie nichts Besonderes. Lassen Sie das Tun beiseite! Diese Vorübungen sollen Ihnen helfen, besseren Kontakt zu Ihrem Körper und zu Ihren Gefühlen zu bekommen. Beschreiben Sie Ihre momentane Situation (schriftlich, Frageliste auf Seite 46/47). Formulieren Sie exakt und präzise!

### *4.–7. Tag*

Lernen Sie sich zu konzentrieren, indem Sie zum Beispiel einen Stein längere Zeit betrachten und sich seine Oberflächenstruktur einprägen. »Reproduzieren« Sie anschließend diesen Stein in Ihrem Kopf. Üben Sie dies mit den unterschiedlichsten Gegenständen: einer Blume, einer Zeichnung oder einem Gesicht. Finden und entwickeln Sie jetzt die passenden Affirmationen. Schreiben oder benutzen Sie Affirmationskärtchen. Tragen Sie diese »persönlichen Affirmationskärtchen« bei sich, und lesen Sie sie so oft als möglich. Überprüfen Sie in einer *Tagesrückschau,* was sich in Ihnen bewegt oder verändert hat. Die Tagesrückschau ist eine Technik, bei der Sie in einem entspannten Zustand am Abend auf Ihren Tag zurückschauen, um Ihr Tun und Denken zu überprüfen und daraus zu lernen. Beachten Sie auch kleinste Bewegungen, und freuen Sie sich über jede neue Erkenntnis und Einsicht! Fragen Sie sich, ob Sie bestimmte Affirmationen neu formulieren sollten.

### *8.–14. Tag*

Fertigen Sie eine Tonbandkassette an. Wählen Sie dafür die wichtigsten Affirmationen aus. Bleiben Sie aber bei einem Thema. Hören Sie die Kassette jeden Tag. Wenn Sie sich nicht gestört fühlen, können Sie sie auch laufen lassen, während Sie schlafen. Bei aktuellen Themen wenden Sie zusätzlich die Visualisation- oder Schreibtechnik an.

### *15.–21. Tag*

Überprüfen Sie gefühlsmäßig, ob Sie diesen »Weg« weitergehen wollen. Wollen Sie das Ziel wirklich erreichen? Ist es noch wichtig für Sie? Haben Sie sich schon für Ihre Aktivitäten belohnt? Ganz egal, wie weit Sie gekommen sind, seien Sie stolz darauf, daß Sie sich auf den Weg gemacht haben! Fahren Sie mit Ihrer »Affirmationsarbeit« fort. Variieren Sie mit dem Energieatmen (siehe Seite 75) Ihren Affirmationsprozeß. Entdecken Sie eine neue kraftvolle Dimension.

### *22.–28. Tag*

Beginnen Sie mit dem kreativen Affirmationsteil. Malen Sie Bilder, die Ihre Affirmationen zum Ausdruck bringen.

Fertigen Sie Collagen an. Gab es bisher Hindernisse? Entwickeln Sie »gedankliche Gegenstrategien« (wie sie auf den Seiten 54–57 beschrieben sind). Integrieren Sie Ihre Affirmationen immer mehr in den Alltag. Nehmen Sie Ihre Affirmationen als etwas Selbstverständliches an, und beginnen Sie, sie immer mehr zu leben.

*»Man sieht nur mit dem Herzen gut ...!«*
Der kleine Prinz

## *Den Weg der Liebe und des Herzens gehen*

Wenn wir einen Stein, der schon seit vielen Jahren im Wasser liegt, in der Mitte auseinanderbrechen, werden wir feststellen, daß er innen ganz trocken ist. Er ist in sich so dicht und gegen außen so fest abgeschlossen, daß kein einziger Tropfen in ihn eindringen konnte.

Haben nicht auch wir unsere Türen und Fenster zu fest verriegelt? Haben wir nicht Harmonie, Weisheit, Hoffnung, Mut und die göttliche Liebe, die uns umgeben, aus unserem Herzen ausgesperrt? Sind wir vielleicht an dem Punkt angelangt, da wir nichts in unser Herz eindringen lassen, das unsere Seele erfrischen würde?

Wenn wir unsere Türen und Fenster öffnen, wird etwas Wunderbares mit uns geschehen. Unsere Bereitschaft und unser Willen werden diesen Prozeß der Öffnung in Gang setzen. Wir können ohne Angst in das Leben eintauchen, denn schließlich sind wir hier, um Erfahrungen und Wissen zu gewinnen. Dies geschieht, wenn wir uns um spirituelles Wachstum und um mehr Bewußtsein bemühen.

Wie formulierte doch Bach: *»Das Leben verlangt nicht unvorstellbare Opfer; es bittet uns, mit Freude in unserem Herzen auf seiner Reise zu sein ...«* Die wichtigste Pflicht auf dieser Reise zu uns selbst besteht darin, den Geboten unseres Gewissens und unserem Herzen zu gehorchen. Unsere Seele hat sich für dieses Leben eine bestimmte Aufgabe ausgedacht; deshalb dürfen wir nicht zulassen, daß andere über unser Leben bestimmen. Tun wir es dennoch, werden wir vom Weg abkommen.

Das Herz wird Frieden finden, und die Erfahrung von Liebe wird sich vermehren, sobald wir den Weg der Klarheit und des Herzens gehen. Aber es liegt in der Natur des Menschen, daß er sich auf seinem Weg verirrt und Umwege macht. Vieles liegt vor unseren Füßen, und wir können es dennoch nicht sehen, weil unsere Aufmerksamkeit auf andere (materielle und vergängliche) Dinge gerichtet ist. Aber nur in unserem Herzen liegt die Erinnerung an das, was in unserem Leben wirklich wichtig ist. Danach können und sollen wir unsere »Antennen« ausrichten. Mit wachem und bewußtem Denken bewegen wir die Antenne in die richtige Richtung.

Gute Reise ins Licht!

## *Bildnachweis*

*H. und O. Baumberger:* Sonnenröschen. Aus: Meierhofer/Baumberger, Bergblumen der Heimat; Silva Verlag, Zürich 1946.

*H. und O. Baumberger:* Doldiger Milchstern, Tausendgüldenkraut, Wegwarte. Aus: Furrer/Baumberger, Blumen am Wege, Silva Verlag, Zürich 1950.

*Pia Roshardt:* Bergulme, Stieleiche, Hainbuche, Waldföhre, Lärche, Edelkastanie, Rotbuche, Geißblatt, Springkraut, Stechpalme, Waldrebe. Aus: Hans Meierhofer/Pia Roshardt, Aus unserem Wald, Silva Verlag, Zürich 1958.

Wir danken dem Silva Verlag für die Bildrechte.

## *Quellenverzeichnis und weiterführende Literatur zur Original-Bachblüten-Therapie*

*Mechthild Scheffer:* Bachblüten-Therapie, Theorie und Praxis, 305 Seiten, 1981, Heinrich Hugendubel Verlag, München.

*Edward Bach:* Blumen, die durch die Seele heilen, 170 Seiten, 1978, Heinrich Hugendubel Verlag, München.

*Nora Week:* Edward Bach – Entdecker der Blütentherapie, 148 Seiten, 1988, Hugendubel Verlag, München.

*Mechthild Scheffer:* Erfahrungen mit der Bachblüten-Therapie, 141 Seiten, Hugendubel Verlag, München.

*Mechthild Scheffer:* Selbsthilfe durch Bachblüten-Therapie, 1988, Heyne Verlag, München.

*Edward Bach:* Gesammelte Werke, 1988, Aquamarin Verlag, München.

*Gregory Vlamis:* Die heilenden Energien der Bachblüten, 1987, Aquamarin Verlag, München.

*Mechthild Scheffer:* Die Seelenpflanzen des Edward Bach, 219 Seiten, 1991, Heinrich Hugendubel Verlag, München.

*Edward Bach:* Die nachgelassenen Schriften, Hrsg. Judy Howard und John Ramsell, 232 Seiten, 1991, Heinrich Hugendubel Verlag, München.

*Götz Blume:* Mit Blumen heilen, 384 Seiten, 1989, Bauer Verlag, Freiburg.

*Marie Borrel/Ronald Mary:* Der Arzt in unserem Inneren, 292 Seiten, 1997, Oesch Verlag, Zürich.

*Helmut G. Sieczka*

ist seit über 15 Jahren als Atemtherapeut und Pulsing-Instructor im psychologisch-therapeutischen Bereich tätig. Er leitet Wochenend- und Intensivseminare in Deutschland, Griechenland und Italien. In der Nähe von München bietet er Einzelstunden an.

Wenn Sie an einem Seminar teilnehmen wollen, dann richten Sie bitte Ihre schriftliche Anfrage an folgende Adresse:

Helmut G. Sieczka
Carl-Orff-Straße 15, Jahnhöhe
85276 Pfaffenhofen an der Ilm

*Informationsmaterial*
*zur Original-Bachblüten-Therapie vom deutschen*
*und Schweizer Dr. Bach Centre*

**Kompakt-Fragebogen (Kurzfassung)**
zur Bestimmung der geeigneten Bachblüten-Kombination,
8 Seiten, geheftet, Zehnerpack, 56 Fragen

**Poster »Bach-Blüten«**
Format 50 × 70 cm, vierfarbig

**Videokassette Seelentherapie mit Blütenenergien**
VHS, 45 Minuten

**Tonkassette »Bachblüten-Therapie mit Mechthild Scheffer«**
90 Minuten

## *Bezugsquellen der Bachblüten-Mittel Dr.-Edward-Bach-Zentren in den deutschsprachigen Ländern*

DEUTSCHLAND

Institut für Bach-Blütentherapie
Forschung und Lehre
Mechthild Scheffer GmbH

Lippmannstraße 57, D-22769 Hamburg
Telefon (040) 43 25 77 10
Telefax (040) 43 52 53
Dr. Edward Bach Centre, German Office

ÖSTERREICH

Institut für Bach-Blütentherapie
Forschung und Lehre
Mechthild Scheffer GmbH

Seidengasse 32/1, A-1070 Wien
Telefon (0222) 526 56 51-0
Telefax (0222) 526 56 51-15
Dr. Edward Bach Centre, Austrian Office

SCHWEIZ

Institut für Bach-Blütentherapie
Forschung und Lehre
Mechthild Scheffer AG

Mainaustraße 15, CH-8034 Zürich
Telefon (01) 382 33 14
Telefax (01) 382 33 19
Dr. Edward Bach Centre, Swiss Office

*Veröffentlichungen von Helmut G. Sieczka im Synthesis Verlag:*

**Begegnung mit dir**

**Ich mag mich**

**Chakra Harmonie**

**Chakra Harmonie**
MC und CD

**Chakra Harmonie**
Video VHS

*Im Bauer Verlag, Freiburg, ist folgender Titel erschienen:*

**Mit Liebe einander begegnen**
Ein wunderbarer 30-Tage-Kommunikations-Kurs

*Von Helmut G. Sieczka ist im Oesch Verlag erhältlich:*

**Das kleine Atembuch**
Wunderbar einfache Atemübungen für jeden Tag
mit Atemkarte
ISBN 3-85833-496-0

**Bach-Blüten**
Affirmationen – kreative Gedanken
40 Affirmationskarten in Minikassette
ISBN 3-85833-459-6

[illegible]

Oe

El

Ge

Sk